AF359901

# STATUTS

*F. 3056.*

## ET REGLEMENS

*POUR les Saiteurs, Hautelisseurs, Houpiers, Foulons & autres Ouvriers qui font partie de la Manufacture de la Ville d'Amiens.*

**A AMIENS,**

De l'Imprimerie de CHARLES CARON-HUBAULT, vis-à-vis S. Martin.

**M. DCCXXI.**

*F. 2795.*
*Sait.*

# EXTRAIT DES REGISTRES

## DU CONSEIL D'ESTAT.

EN l'Assemblée tenuë en la Chambre du Conseil de l'Hotel Commun de la Ville d'Amiens le quatriéme jour de Novembre 1665. & les jours de la Semaine, & les Lundy, Mardy, Mercredy & Jeudy de la suivante, & encore les Mardy & Mercredy de celle d'aprés, pour satisfaire à la Lettre de Monseigneur COLBERT, Conseiller du Roy en tous ses Conseils, Sur-Intendant des Bâtimens & Manufactures de France, Commandeur & Grand-Trésorier de ses Ordres, par laquelle il mande qu'il envoye les Sieurs Correur & Chenard, pour examiner avec la Compagnie les moyens de remettre le Negoce & Manufacture de la Saïeterie de cette Ville dans l'état qu'il doit estre, & de voir ce qui se peut faire pour son augmentation.

En laquelle Assemblée estoient Jean Thiery, Seigneur de Genonville, Conseiller du Roy en ses Conseils d'Estat & Privé Lieutenant General au Bailliage d'Amiens, suivant la Lettre à luy adressante de Mondit Seigneur COLBERT, Maître Michel Manessier, Seigneur de Raulland-Maison, Conseiller du Roy, Lieutenant Criminel en l'Election d'Amiens, Premier Eschevin de lad. Ville; Jean Arthus, Jean de Sachy Sieur Ducoudray, Maître Jean de Monmignon, Conseiller du Roy, Eleu en l'Election dudit Amiens, & Jacques Morgan Eschevin, Maître Philippes Boullenger, Sieur de Rivery, Procureur du Roy, & Nicolas de Lessau, Secretaire & Greffier de ladite Ville.

A ij

LECTURE faite de la ſuſdite Lettre ; à eſté reſolu de convoquer les plus Notables Marchands vendans en gros & en détail les Marchandiſes de Saïeteries, les Drapiers, les Egards Houpiers, & les plus anciens & habiles Maîtres dudit Métier, les Egards Saiteurs, Hauteliſſeurs, Teinturiers, Foulons, & Saiteurs drapans, avec les anciens Maîtres deſdits Métiers : Ce qu'ayant eſté fait le même jour, ſe ſont trouvez en ladite Chambre du Conſeil, les Sieurs Antoine & Adrien Cornet Marchands & anciens Eſchevins, Jean Pingré ſieur du Queſnoy, auſſi Marchand & ancien Eſchevin, Loüis & Henry Pingré, François Cornet & Auguſtin Damiens, tous Marchands en gros de ladite Manufacture ; Jean Galand, Charles Berthe, & autres Marchands en détail de Saïeterie ; Jean de Fleſſelles, Salomon d'Hollande, Paul de Grain, Loüis de Bonnaire, & autres Drapiers ; Charles Laurent, & Firmin Boucher le Jeune, Egards Houpiers, Jean Frenelet, & Simon Gaudefroy anciens ; Nicolas de Hodencq, Nicolas Roblot, François Magnier, Antoine Renoüart, Gilles Gaudefroy, & autres Egards Saiteurs, Michel Deſbeguin, Jean Tellier, Jean Gricourt, Jean Bourgeois, Antoine Heudebourcq, Nicolas Baudricourt, Jean-Baptiſte d'Hedicourt, Claude Mallart & autres anciens Maîtres Saiteurs ; Alexandre Cardo, Antoine Carpentier, Nicolas le Fevre & Pierre Deleheuſe Egards Hauteliſſeurs, Pierre de Fontaine, Jean Retourne, Nicolas la Caſſe,                Roblot & autres anciens Maîtres dudit Métier ; Jean de l'Eſpaux, Jean Leger, Antoine le Dieu, Robert Godde, Nicolas de l'Eſpaux, & autres Maîtres Teinturiers ; Guillaume Caboche, Eſtienne Chevallet & Antoine l'Artizien, Foullons ; Antoine du Long-Courtil, Guillain Caron, & autres Maîtres Tiſſerands ; & aprés avoir fait connoître à tous les Suſnommez les obligations dont cette Ville ſera éternellement redevable à la bonté du Roy, & aux ſoins particuliers de Mondit Seigneur COLBERT, pour l'accroiſſement du Negoce, & leur ayant fait lecture de la Lettre dont il a honoré la Compagnie, & fait ſçavoir le deſſein qu'elle avoit d y ſatisfaire avec tout le zele & le reſpect poſſible, les Statuts, Reglemens & Ordonnances concernans la Manufacture de ladite Saïeterie ont eſté lûs, examinez & reformez ainſi qu'il enſuit, apres avoir ouy tous les Suſnommez ſur les Articles concernans le Métier de chacun d'eux en particulier & meurement deliberé ſur le tout.

## HOUPIERS.

### I.

Aucun ne sera reçû en la Maîtrise dudit Métier de Houpier qu'il n'ait esté regiftré Apprentif sous un autre Maître en la Ville d'Amiens, ou en autres Villes de Loix, pour le temps & espace d'un an entier & qu'il le fasse ainfi dûëment certifier.

### II.

L'Apprentissage fait, s'il veut estre reçû Maître, il sera tenu de faire chef d'œuvre en la maison de l'un des Egards dudit Métier, lequel Chef-d'œuvre sera tel, que de tirer, sortir & épareiller, battre, peigner, & laver trois poids de houppe, & à cet effet, sera tenu l'Apprentif choisir & sortir la laine & la laver en presence desdits Egards.

### III.

Le Chef-d'œuvre fait, il sera visité par six Egards dudit Métier, & par quatre anciens Maîtres, puis sera porté par eux tous & presenté en l'Hostel de Ville pardevant les Premier & Eschevins, pour y faire leur rapport de la bonté ou défectuofité d'iceluy, & affirmeront lefdits Egards qu'il a esté fait par ledit Apprentif, & ce fait, si ledit Chef-d'œuvre est trouvé bon & suffifant, l'Apprentif sera reçû Maître, & fera le serment de garder & obferver les Brefs & Ordonnances dud. Métier.

### IV.

Les quatre anciens Maîtres dudit Métier appellez à la visite du Chef-d'œuvre, feront tenus de s'y trouver, fur peine de vingt fols d'amende, applicable moitié à la Ville & l'autre aux Egards ou Accufateurs.

### V.

Et si le Chef-d'œuvre est trouvé défectif, l'Apprentif sera renvoyé pour continuer à travailler fous un Maître, jufqu'à ce qu'il foit capable de faire fon Chef-d'œuvre.

### VI.

Les Droits & Salaires des Egards dudit Métier, tant pour avoir esté prefens à voir ledit Apprentif choifir & fortir la laine, & comme il fe fera conduit à la laver, que pour la visite dudit Chef-d'œuvre, avec les quatre anciens Maîtres & estre venu le prefenter en l'Hôtel de Ville, feront de vingt fols pour chacun defdits Egards, & de cinq fols pour chacun des quatre anciens Maîtres, & outre les droits cy-deffus, l'Apprentif payera huit fols pour les droits ordinaires de la Ville, défenfes aufdits Egards & anciens Maîtres de prendre plus grands droits & d'obliger ledit Apprentif à aucune dépenfe, dons ou prefens, & de les recevoir quand même ils leurs feroient offerts volontairement, fur peine d'amende arbitraire, applicable moitié à la Ville & l'autre aux Accufateurs.

### VII.

L E s Enfans des Maîtres d'iceluy Métier ne feront fujets au tems dudit Apprentiffage, mais quand ils voudront eftre reçûs Maîtres, ils feront tenus faire Chef d'œuvre, pour fçavoir s'ils font Ouvriers ou non, & fi ledit Chef-d'œuvre, eft trouvé bon, ledit Fils de Maître fera reçû & ne payera rien aufdits Egards & anciens Maîtres, mais feulement quatre fols pour les droits de la Ville.

### VIII.

L E s Maîtres dudit Métier ne pourront avoir qu'un feul Apprentif pour fervir fon année, à peine de dix livres d'amende, lequel Apprentif fera amené par fondit Maître en l'Hôtel Commun de ladite Ville, & là fe fera regiftrer, pour dès lors entrer au fervice dudit Maître, & feront ferment, à fçavoir, le Maître de bien montrer & enfeigner fon Apprentif fans luy rien cacher de fon Art, & ledit Apprentif de bien & fidelement fervir fondit Maître, & payera à l'inftant les droits accoûtumez.

### IX.

S i aucun Ouvrier venant de dehors veut travailler à journée ou comme ferviteur fous l'un des Maîtres dudit Métier, iceluy Maître ne le pourra tenir plus de huit jours à fon fervice, qu'il ne le declare aufdits Egards, pour connoître par eux fa capacité, & s'il y demeure plus de huit jours, en ce cas payera aufdits Egards pour leur falaire de la vifite de fon Ouvrage deux fols, dont le Maître qui le mettra en œuvre fera refponfable,

### X.

L E s Maîtres dudit Métier uferont de bonnes laines qu'on appelle mere laine, pourront néanmoins fe fervir de laine de pelure non procedant de mortin, à la charge que les laines où ils employeront des laines de pelures feront pliées en forme de bouchon de laine d'Angleterre & que celles qui feront de mere laine feront pliées en bouchon à l'ordinaire, défenfe aux Houpiers de plier les laines où il y aura des pelures comme celles de mere laines & autrement qu'il eft dit cy-deffus, à peine de confifcation & de trente livres d'amende pour la premiere fois, & de plus grande, même de punition corporelle pour la feconde, applicable lefdites confifcations & amendes moitié à la Ville & l'autre aux Egards ou Accufateurs.

### XI.

N E pourront les Maîtres dudit Métier ufer & fe fervir de laine de Rhin ny laine de gras mouton & de mortin, à caufe que telles

laines fe mangent de vers & gaftent les bonnes, à peine de confifcation de l'Ouvrage & trente livres d'amende applicable comme deffus.

## XII.

Ne pourront lefdits Maîtres achêter ou faire achêter ny tenir
en leurs maifons ny ailleurs lefdites laines de Rhin, de gras mouton
& de mortin, ny de peigner pour qui que ce foit, fous pareille peine.

## XIII.

Est défendu à toutes perfonnes refidens en ladite Ville qui s'en-
tremettent de revendre l'aine, d'en achêter aucune dans ladite Ville,
qu'elles n'ayent pofé deux heures aux Hales, ny aller au devant
& en achêter hors la Ville qu'au delà de huit lieuës, afin que les
Maîtres Houpiers s'en puiffent pourvoir.

## XIV.

Que les Maîtres & Ouvriers Houpiers, laveront ou feront laver
leurs Houpes & laine en leffive claire, ou en fuif avec favon noir &
les reffinffer & laver en eau pure, claire & nette.

## XV.

Partant ne pourront lefdits Houpiers laver ou faire laver lefd.
laines en fouffre, cendres ferées, cendre de Bufs, favon blanc,
eau falée ni autre chofe que ce foit, & les reffincer autrement qu'en
eau claire comme dit eft, & ce fur peine en chacun defdits cas de
fufpenfion de leurdit Métier & de fix livres d'amende, à appliquer les
deux tiers à la Ville & l'autre tiers aux Egards ou Accufateurs

## XVI.

Leur eft enjoint de bien laver & dégraiffer lefdites Houpes &
de n'y travailler ailleurs qu'en leurs Ouvroirs, cours & lieux toujours
ouverts, pendant le tems qu'ils les laveront, afin que les Egards y
puiffent franchement entrer, & ce fur peine d'amende en chacun
defdits cas de trente fols, en quoy l'Ouvrier écherra pour chacune
fois qu'il y contreviendra, moitié à la Ville & l'autre moitié aux
Egards ou Accufateurs, fi leur eft défendu de pendre leur laine aprés
Soleil couchant fous pareille amende, applicable comme deffus.

## XVII.

Que toutes les Houpes faites & accommodées en ladite Ville
feront vifitées par les Egards auparavant de les pouvoir vendre en
gros, fur peine de foixante fols d'amende, en quoy le vendeur fera
condamné pour chacune fois qu'il en aura vendu fans avoir fouffert
la vifite, ladite amende applicable comme deffus.

## XVIII.

Sil eft trouvé quelque Houpe graffeufe, qui eft quand aucuns

poils blancs font mêlez avec la laine, ou mêlez de laine faine, en ce
cas feront rompuës & caſſées, & l'Ouvrier condamné en dix fols
d'amende, moitié à ladite Ville & l'autre aux Egards ou Accuſateurs.

## XIX.

ET ſi aucunes Houpes font trouvées en icelle Ville mal peignées,
brûlées, fourées ou mal ouvrées, elles feront pareillement rompuës
& caſſées comme défectives & vicieuſes, & l'Ouvrier condamné en
dix fols pariſis d'amende, moitié à la Ville & l'autre aux Egards ou
Accuſateurs, de laquelle amende le Maître ſera reſponſable.

## XX.

IL eſt défendu à tous Marchands Etrangers de décharger en la
Ville leurs Houpes en autres lieux que dans les Halles, lieu public
& deſtiné pour la vente & viſite de telle Marchandiſe, amenées
par leſdits Marchands, Etrangers, ſur peine de dix livres d'amende
alencontre d'eux, applicable comme deſſus.

## XXI.

SI ne pourront leſdits Marchands Forains vendre leſdites Houpes qu'aux jours & heures de marché declarez en l'Article ſuivant,
ni les Habitans & toutes perſonnes achêter leſdites Houpes ailleurs
qu'éſdites Halles ou au Marché, mêmement aller au-devant deſdits
Marchands Forains, ſur peine de dix livres d'amende contre le con-
trevenant pour chacune fois, moitié à la Ville & l'autre aux Egards
ou Accuſateurs.                    XXII.

SERONT les Egards dudit Métier tenus ſe tranſporter tous les
jours de Jeudy, Vendredy & Samedy depuis Pâques juſqu'au jour
de S Remy à huit heures du matin juſqu'à douze heures, & depuis
ledit jour de S. Remy juſqu'au jour de Pâques à neuf heures du matin juſqu'à douze, & depuis deux heures de relevée juſqu'à quatre,
ou du moins trois d'entr'eux, un de chacun Métier, afin de faire la
viſite & Egardiſe deſdites Houpes & dépecher les Marchands, ſur
peine de ſoixante fols d'amende, applicable comme deſſus.

## XXIII.

PARAVANT ni depuis leſdites Heures ne pourra le Hallier ni
autre perſonne peſer Houpes en icelle Halle, ſur peine de vingt fols
d'amende applicable comme deſſus.

## XXIV.

POURRONT leſdits Egards aller faire leurs viſites tous les jours
& à toutes heures dans les maiſons des Houpiers.

## XXV.

NE pourront les Maîtres dudit Métier faire entrer en cette Ville ni tenir en leurs maisons aucune laine apprêtée hors ladite Ville , à peine de confiscation & de dix livres d'amende, applicable moitié à la Ville & l'autre moitié aux Egards & Accusateurs.

### XXVI.

PAREILLEMENT ne pourront aucunes autres personnes faire entrer en ladite Ville ni tenir en leurs maisons desdites laines apprè-ées, au sauf de celles apprêtées hors du Royaume, sous pareille peine.

### XXVII.

POURRONT lesdits Houpiers vendre leurs laines au Marché, au lieu ordinaire au côté du Beffroy aux heures du Marché.

### XXVIII.

LES Egards dudit Métier feront entretenus au nombre de six, qui est le nombre ordinaire, sçavoir deux Saiteurs, qui feront les deux plus anciens Maîtres dudit Métier à tour de Rolle suivant leur re-eption, & qui n'auront encore esté Egards de ladite Egardise, deux du Métier d'Houpiers, un Tisserand & le sixiéme un Foulon, qui feront aussi les plus anciens desdits Métiers, à tour de Rolle comme dessus, & feront lesdits six Egards renouvellez tous les ans.

### XXIX.

ET pour éviter aux exactions qu'ils pourroient commettre, il est deffendu ausdits Egards de recevoir aucunes parts d'amende sur les délinquans, que premierement leur droit ne soit adjugé par lesdits Premier & Echevins, sur peine d'amende arbitraire, applicable moi-ié à la Ville & l'autre moitié aux Accusateurs.

### XXX.

LESDITS Egards & chacun d'eux feront tenus d'avoir un dou-ble desdits articles, pour les observer de leur part, & les faire obser-ver suivant leur pouvoir à un chacun.

### XXXI.

TELLEMENT que si eux-mêmes sont atteints d'intelligence, composition, concussion ou autres fautes & abus considerables, ils seront suspendus dudit Métier & multez d'amende arbitraire.

## POUR LE REGARD DES FILS.

### XXXII.

LE Fil se vendra au Marché & lieu accoûtumé derriere le Beffroy, & non en maison particuliere, Hôtellerie, Taverne ni autre lieu que ce soit, en la Ville, Fauxbourgs & Banlieuë, sur peine de confis-cation dudit Fil, & de dix livres d'amende, en laquelle feront con-damnez le vendeur & achêteur, dont les deux tiers appartiendront à la Ville, & l'autre aux Egards ou Accusateurs.

### XXXIII.

QUE ladite vente de Fil se fera & commencera en icelui Marché les matinées des jous de Mercredy, Vendredy & Samedy de chacune semaine, depuis Pâques jusqu'à la S. Remy à huit heures du matin, & depuis la S. Remy jusqu'à Pâques à neuf heures, & si l'un desdits jours échoit en jour de Fête, le Marché se fera la veille desdites Fêtes.

### XXXIV.

NUL ne pourra achêter du Fil, s'il n'est Maître ou Maîtresse desd. Métiers de Saiteurs ou Hautelisseurs residens & demeurans en ladite Ville, sur peine de dix livres d'amende, la moitié à la Ville, & l'autre aux Egards ou Accusateurs; Pourront néanmoins les Saiteurs drapans d'icelle Ville achêter ledit Fil audit Marché les Mercredis & Samedis à une heure de relevée, & non auparavant; & les Passementiers & Rubanniers à l'heure d'onze heures en Esté & de douze heures en Hiver, sur peine de soixante sols d'amende à appliquer comme dessus.

### XXXV.

SI ne pourront lesdits Maîtres & Maîtresses des susdits Métiers ni autres personnes, achêter dudit Fil pour le revendre & regrater à peine de vingt livres d'amende, applicable, comme dessus, ni en aller achêter aux champs, sous pareille peine.

### XXXVI.

EST enjoint à tous les Filatiers Forains qui ameneront Fil de Saïete en ladite Ville de porter & exposer en vente leursdits Fils audit Marché, sans en vendre ailleurs ni en reserver aucune chose en leur Hôtelleries ni ailleurs, & vendre le tout au plûtard en dedans le troisiéme Marché; leur deffendons de le garder plus long-temps sur peine de confiscation & de cinquante livres d'amende.

### XXXVII.

DEFFENCES sont faites à tous Habitans de ladite Ville de faire la revente du Fil de Saïete appartenant aux Filatiers & Revendeurs ou Filoires, ains est enjoint ausdits Filatiers, Revendeurs ou Filoires de faire eux-mêmes sans l'assistance d'aucun Habitant la vente de leur Fil, sur peine de confiscation, & douze livres d'amende.

### XXXVIII.

EST deffendu à tous Houpiers de faire filer, vendre, achêter recevoir ni tenir en leurs maisons ni ailleurs aucuns fils, ni permettre l'entrée dans leursdites maisons aux Filatiers, ni autres personnes chargez de fil pour quelque cause & occasion que ce soit, & ausdits Filatiers & autres Vendeurs de fil d'y aller, le tout sur peine de

onfiscation dudit fil & de dix livres d'amende, moitié à la Ville &
'autre moitié aux Egards ou Accufateurs.

### XXXIX.

E s t pareillement deffendu aux Maîtres Saiteurs & Hauteliſſeurs
de recevoir ni permettre entrer en leurs maiſons leſdits Filatiers, ou
autres chargez de fil auſſi, pour quelque cauſe ou occaſion que ce
ſoit, & auſdits Filatiers ou autres, d'aller & entrer eſdites maiſons
chargez de Fil, ſi ce n'eſt pour les Fils de Bouchon, & fil mêlé, que
leſd. Saiteurs & Hauteliſſeurs auroient fait filer ſuivant les permiſſions
qu'ils en ont par les Arreſts de la Cour, ſur pareille peine d'amende,
ſans que ſous ce prétexte leſdits Saiteurs & Hauteliſſeurs puiſſent aller
dans les Hôtelleries, ni autres lieux où ſe déchargent leſdits fils,
pour communiquer ni voir les fils deſdits Filatiers, à peine d'amende.

### XL.

E s t encore deffendu aux Marchands Forains de mettre leur Fil
en lieu ſecret, & aux Saiteurs & Hauteliſſeurs de les y aller trouver,
& de communiquer ou faire communiquer avec leſdits Marchands
Forains ou autres qui apporteront vendre fil en cette Ville, ſur
peine de dix livres d'amende, applicable comme deſſus.

### XLI.

E s t ſemblablement deffendu aux Houpiers, Hôteliers, Merciers
& à toutes autres perſonnes, de ſouffrir la vente du Fil, ni de le
peſer en leurs maiſons, non pas même par les Peſeurs, à peine de
trente livres d'amende, applicable comme deſſus.

### XLII.

E s t auſſi deffendu à tous de mettre en vente aucune botte de
Fil plus grande que de trois poids, ſur peine de dix ſols d'amende,
applicable comme deſſus.

### XLIII.

E s t encore deffendu à tous de mettre en vente aucun Fil qu'il
ne ſoit ſuivable & raiſonnablement aſſorti, & non mêlez de diverſes
ſortes de groſſeur de Fil, ſur peine d'eſtre coupé & mis en pieces, &
de trente ſols d'amende, moitié à la Ville & l'autre aux Egards ou
Accuſateurs.

### XLIV.

E s t ordonné que les liens ſeront de pareil fil que celuy de ladite
botte, à peine de trois ſols d'amende au profit des Egards ou Accuſateurs.

### XLV.

S i aucun fil eſt trouvé frais & moite pour frauder le poids, il
ſera brûlé en plein marché, ainſi qu'il eſt de coûtume, & ſera le

vendeur condamné en dix ſols d'amende, applicable moitié à la Ville & l'autre aux Egards ou Accuſateurs.

### XLVI.

Il eſt enjoint aux Egards d'aſſiſter & eſtre preſens auſdits jours & heures de marché continuellement, pour voir les fautes & abus qui ſe pourroient commettre, & à faute de s'y trouver & faire leur devoir, les défaillans écherront pour la premiere fois en amende de ſoixante ſols, & ſix livres pour la ſeconde, & d'amende arbitraire & ſuſpenſion dudit Métier pour la troiſiéme, la moitié deſdites amendes applicable comme deſſus.

### XLVII.

Deffendons à toutes perſonnes de faire tranſporter aucun fil de Saïete hors ladite Ville, à peine de confiſcation & amende arbitraire, applicable comme deſſus, ni d'en faire amas & Magaſin pour le revendre & regrater, au ſauf du fil appellé turquoin, ſous pareille peine.

## PESEURS DUDIT FIL.

### XLVIII.

Lesdits Peſeurs auront & ſeront tenus avoir des Logettes à eux deſtinées, chacun une balance avec toute maniere de poids de cuivre, le tout juſtifié & marqué des armoiries de la Ville, leſquels poids ſeront repallez tous les ans à l'Etalon de la Ville dans l'Hoſtel Commun d'icelle.

### XLIX.

Seront tenus ſe trouver en perſonne aux jours & heures de marché pour peſer les fils dans leſdites logettes, ſur peine d'eſtre privez du profit & émolumens de leur Office pour le jour, & de ſoixante ſols d'amende, moitié à la Ville & l'autre à l'Accuſateur, ſans qu'ils puiſſent aller peſer ailleurs, ſous pareille peine.

### L.

Pourront ſe tranſporter dans les Maiſons des Hôteliers, Merciers & autres lieux, où ſe décharge ledit fil de Saïete, pour reconnoître s'il ne ſe fait aucune contravention, & tenir la main à ce que tout ledit fil ſe porte audit Marché, pourquoy ils pourront compter les bottes deſdits fils qu'auront porté leſdits Filatiers, afin que leſd. Filatiers ſoient obligez de repreſenter aud Marché la même quantité de fil qu'ils auront apporté en cette Ville, & en cas de contravention, pourront leſdits Peſeurs ſaiſir le fil pour ſûreté de la confiſcation, & amende, & auront à leur profit la moitié deſdites confiſcations & amendes qui s'ajugeront, l'autre moitié à la Ville.

## LI.

Ne pourront aucuns autres que lefdits Peſeurs, peſer ledit fil en ladite Ville, pour vendre & achêter, à peine de ſoixante ſols d'amende, moitié à la Ville, & l'autre moitié aux Peſeurs ou Accuſateurs.

## LII.

Ne pourront leſdits Peſeurs, prendre, avoir ne percevoir plus grand droit que de deux deniers, pour chacun poids de fil à eux attribué par Arreſt

## LIII.

Ne pourront peſer plus de trois poids à chaque fois, ſur peine de dix ſols d'amende, en quoy ils écherront pour chacune fois, applicable comme deſſus.

## LIV.

Et en cas que leſdits Peſeurs faſſent fraude ou deception en leurſdits poids, ils ſeront multez d'amende arbitraire par leſdits Premier & Echevins ou autrement ſuivant l'exigence du cas.

## LV.

Lesquels Peſeurs, ſeront entretenus au nombre de douze ſuivant leurs inſtitutions.

---

## QUAND A LA MANUFACTURE
### DES PIECES DE SAÏETERIE.

## LVI.

Nul Maître ou Maîtreſſe dudit Métier de Saiteur, ne pourra avoir plus d'un Apprentif, lequel il fera regiſtrer par Nom & Surnom, & ſous ſa charge au Greffe de ladite Ville, pour en eſtre ſervi par trois ans, qui eſt le temps limité, & auquel ledit Apprentif eſt tenu, à commencer du jour qu'il aura eſté enregiſtré

## LVII.

Pour eſtre admis audit Apprentiſſage, ſera tenu ledit Apprentif, payer les droits, ſçavoir, quinze ſols pour une fois, les dix ſols au profit de la Ville, & cinq ſols aux Egards fereurs en blanc, qui tiendront la main à faire regiſtrer tous les Apprentifs qui ſeront és Maiſons des Saiteurs, & les preſenteront pardevant leſdits Premier & Eſchevins pour prêter le ſerment, ſçavoir, le Maître de bien inſtruire, montrer & enſeigner ſon Apprentif, & l'Apprentif de bien ſervir ledit tems, défenſes auſdits Egards de recevoir leurs droits deſdits Apprentifs auparavant les avoir fait regiſtrer, à peine de dix livres d'amende, moitié à la Ville, & l'autre moitié à l'Accuſateur.

## LVIII.

Permis à tous Maîtres Saiteurs d'apprendre leur Métier à leurs Enfans, les faiſans regiſtrer Apprentifs dans l'Hôtel de Ville, ſans

pour ce payer aucuns droits aufdits Egards ni à ladite Ville, & néanmoins avec leurfdits Enfans, ils pourront encore avoir un Apprentif
étranger.
### LIX.

N u L Maître ou Maîtreffe ne pourra avoir Apprentif en fa
Maifon, s'il n'a pour le moins en fon Ouvroir deux étilles, l'une
pour luy & l'autre pour fon Apprentif, fur peine d'amende arbitraire.
### LX.

N E pourra l'Apprentif avoir part dans le gain ou perte à l'ouvrage de lui ou de fon Maître, fur l'amende de foixante fols pour
chacune fois, en quoy chacun d'eux écherra, moitié à la Ville, moitié
aux Egards ou Accufateurs.
### LXI.

E s T neceffaire à un chacun Apprentif pour eftre recû à Maîtrife
qu'il ait continuellement travaillé fous fon Maître ledit tems de trois
ans, & s'il délaiffe fon Maître ou Maîtreffe durant fix femaines, pourra
led. Maître ou Maîtreffe, affifté d'un defdits Egards, faire rayer au Regiftre du Greffe ledit Apprentif, & au lieu d'iceluy en faire regiftrer
un autre.
### LXII.

M A I s fi le Maître dudit Apprentif s'abftenoit ou quittoit fon
Métier par femblable temps de fix femaines, l'Apprentif fe pourra
faire décharger dudit Maître, & entrer chez un autre pour achever
le tems de fon Apprentiffage, lequel pourra auffi faire contraindre
fondit Maître à lui rendre l'argent qu'il pourroit avoir reçû de luy.
### LXIII.

P o u R eftre admis audit Métier de Saiteur, ledit Apprentif fera
tenu de faire Chef-d'œuvre dans la Halle au lieu à ce deftiné, lequel
fera diligemment vifité par les Egards Saiteurs, & s'ils l'ont trouvé
capable, il fera prefenté avec ledit Apprentif aufdits Premier & Echevins, & reçû à ladite Maîtrife, faifant le ferment accoûtumé, enfuite
de quoy fera tenu fe faire regiftrer au Greffe de ladite Ville, avec
la forme de fa marque comme il fera fur les pieces de Marchandifes
qu'il façonnera, afin de la confronter en cas de neceffité, & de recouvrer fur luy l'intereft de la défectuofité, fi aucune eftoit trouvée
dans fon ouvrage, & pour fa reception payera vingt fols de droit à
la Ville, & aux Egards les droits accoûtumez.
### LXIV.

T o u T E s les Pieces de Saiterie de quelques fortes qu'elles foient,
feront faites par les mains du Maître, de l'Ouvrier ou de l'Apprentif
en la maifon dudit Maître, & non par autres perfonnes, & fi quelques
unes eftoient trouvées commencées ou faites ailleurs, elles feront con-

...quées au profit de la Ville, le Saiteur condamné en soixante sols d'amende, moitié à ladite Ville, & l'autre moitié aux Egards ou Accu-sateurs.

## LXV.

EST enjoint à tous Saiteurs de faire leurs pieces d'ouvrages de Fil suivable raisonnablement assorti, & en cas qu'il se trouve quelque piece barrée de fil de differente qualité, le Maître écherra en amende arbitraire, suivant le plus ou moins de défaut, & si le défaut estoit notable, ladite piece sera coupée le bon d'un côté & le mauvais de l'autre; auront aussi soin lesdits Saiteurs de bien nétoier & éplucher leurs pieces d'ouvrages avant que de les exposer en vente, à peine de soixante sols d'amende.

## LXVI.

SI l'Ouvrier manque dans la façon de son Ouvrage, soit pour ne pas relier les fils de sa chaîne, soit pour y avoir fait des tâches, ou autres fautes venant de sa negligence, il éherra en cinq sols d'amende, moitié à la Ville, moitié à son Maître & en ses dommages & interests, si le cas y échoit.

## LXVII.

EN cas que quelque Pieces soient coupées par défaut, comme dessus est dit, elles seront renduës aux Ouvriers pour en faire leur profit, & vendre icelles en détail, sans le pouvoir envoyer hors ladite Ville avec d'autres Marchandises bonnes & loyales, & si quelqu'un est trouvé faire le contraire, il écherra en soixante sols d'amende pour la premiere fois, moitié à la Ville, moitié aux Egards ou Accusateurs, en amende arbitraire pour la seconde, & pour la troisiéme de suspension de son Métier pour six mois.

## LXVIII.

IL n'y aura qu'un seul Maître en un Ouvroir, quoy qu'il y eût en iceluy plusieurs Etilles, sur peine de vingt sols d'amende, moitié à la Ville & l'autre aux Egards ou Accusateurs.

## LXIX.

AUCUN ne pourra travailler en cettedite Ville en autres lieux qu'és devantures sur ruë de leurs Maisons & demeures, jusqu'au troisiéme étage d'icelle, à peine de trente sols d'amende, applicable comme-dessus.

## LXX.

AUCUN Maître ne pourra travailler ni faire travailler par ses Ouvriers à la chandelle au soir ni au matin, ne tenir crasset, huile, ou gresse au tour de son étille, à peine de vingt sols d'amende pour la premiere fois, moitié à la Ville, moitié aux Egards ou Accusateurs, de quarante sols pour la seconde, & de suspension de son Métier par an & jour pour la troisiéme, demeurant libre audit cas de sus-

penfion d'aller travailler en la Maifon & fous quelqu'autre Maître
dudit Métier. **LXXI.**

ÉST défendu à un chacun Maître ou Maîtreffe dud. Métier, d'aller
travailler d'iceluy és Faux bourgs de la Ville, ni hors des murs &
fermetures d'icelle, & à l'Apprentif de les fuivre, fur peine de perdre
les droits de la Franchife de ladite Ville, & d'eftre rayé du livre
où ils auront efté regiftré pour la Maîtrife & pour l'Apprentiffage.

**LXXII.**

NUL Ouvrier dudit Métier de Saiteur pourra faire aucun autre
Métier durant le tems qu'il travaillera de ladite Saïeterie, pourquoi
en cas qu'il veuille quitter & changer de Métier, fera tenu faire
fa declaration pardevant lefdits Premier & Echevins, finon l'Ouvrage
qui fe trouveroit eftre faite en fa Maifon ou encore fur l'étille, fer
confifqué, moitié à la Ville & l'autre moitié aux Egards ou Accufateurs. **LXXIII.**

AUCUN Maître ou Maîtreffe ne prendra Ouvrier venant d'un
autre Ouvrier de cette Ville pour travailler en fa Maifon, que premierement il ne fçache fi le premier Maître dudit Ouvrier fe tien
content de luy, & s'il ne luy doit rien, à peine de vingt fols d'a-
mende, moitié à lad. Ville & l'autre moitié aux Egards ou Accufateur
à prendre fur ledit fecond Maître qui aura reçû ledit Ouvrier.

**LXXIV.**

ITEM, nuls Maîtres, Ouvriers étrangers ne pourront travaillé
en ladite Ville comme Maîtres, finon qu'ils faffent apparoir pa
Lettres qu'ils ayent paffé Maîtres en Ville de Loix, auquel cas eftan
agréés defdits Echevins, ils feront reçûs en prêtant le Serment.

## NOMBRES DES BUHOTS, PORTE'E
### ET LONGUEURS QUE CONTIENDRONT
#### A L'AVENIR LES PIECES DE SAÏETERIES

**LXXV.**

IL eft ordonné qu'à l'avenir, les Serges façon d'Afcot, feron
faites en comptes de dix-huit Buhots cinquante-cinq portées, & le
moindres de cinquante-quatre portées, ayant de largeur entre deux
gardes une aûne de Roy & un douziéme, & longueur hors l'étille
de vingt-deux aûnes de Roy, pour revenir toutes appointées &
apprêtées à vingt aûnes un quart ou vingt aûnes & demie, ou du
moins à vingt aûnes & quelques pouces, ainfi que toutes les autres
Pieces cy-aprés exprimées.

**LXXVI.**

## LXXVI.

LES Serges façon de Chartres, qui desormais seront appellées
erges de la Reyne, se feront à dix-sept buhots quarante-quatre portées,
les mêlées à seize buhots mêmes portées, ayant les uns & les autres
ntre deux gardes deux tiers aûne de Roy, & demi pouce, & de
ngueur de vingt-trois aûnes de Roy hors l'étille, pour revenir
outes appointées à vingt aûnes un quart ou vingt aûnes & demie.

## LXXVII.

LES Razes d'Amiens, cy-devant appellez Razes de Chaalons, se
ront blancs & mêlez à dix-huit buhots cinquante portées, ayant
e largeur entre deux gardes trois quartiers aûne de Roy, & de lon-
ueur hors l'Etille vingt trois aûnes de Roy, pour revenir toutes
ppointées & apprêtées à vingt aûnes un quart ou vingt aûnes & demie
e Roy.

## LXXVIII.

LES Serges façon de Seigneur se feront à dix-huit buhots quarante-
inq portées, ayans de largeur entre deux gardes trois quarts & demi
n pouce, aûne de Roy, même longueur que les Razes cy-dessus.

## LXXIX.

LES Serges appellées Leipzis se feront de seize buhots trente-
eux portées, ayans de largeur entre deux gardes demie aûne de
oy moins un douziéme, & de longueur hors l'étille, sçavoir les
lanches vingt-deux aûnes & demie, & les mêlées vingt-trois aûnes,
our revenir à vingt aûnes un quart ou vingt aûnes & demie de Roy
outes appointées & apprêtées.

## LXXX.

LES Serges appellées Ducales, cy-devant façon d'Aumale, se fe-
ont à dix-neuf buhots quarante-trois portées, les moindres ayans
e largeur entre deux gardes demie aûne un seize de Roy, & de lon-
ueur hors l'étille, sçavoir, les blanches à vingt-deux aûnes, & les
êlées à vingt-deux aûnes & demie, pour revenir à vingt aûnes &
emie toutes appointées.

## LXXXI.

LES Camelots appellez gros grains seront faits tout de double fil
etord de chaîne & de lanchuë, les moindres en seize buhots trente-
inq portées, ayans entre deux gardes demie aûne un pouce aûne
e Roy, & de longueur hors de l'Etille vingt-deux aûnes, pour revenir
vingt aûnes un quart ou vingt aûnes & demie toutes appointées.

## LXXXII.

LES Camelots appellez trois fils seront faits du moins en dix-huit
uhots trente-cinq portées, de même largeur & longueur que dessus

## LXXXIII.

LES Camelots quatre & cinq fils se feront de dix-neuf buhots
trente-cinq portées, même largeur & longueur que dessus.

## LXXXIV.

LES Camelots Baraquans blancs larges à trois, quatre & cinq fils
se feront de dix-huit buhots quarante-cinq portées, ayans de largeur
entre deux gardes deux tiers aûne de Roy & demi pouce, & pareille
longueur que dessus.

## LXXXV.

LES Baraquans mêlez larges de deux, trois, quatre & cinq fils,
auront seize buhots quarante-quatre portées de pareille largeur que
les blancs, & de longueur hors l'étille vingt-une aûne & demie.

## LXXXVI.

LES Baraquans mêlez étroits auront seize buhots trente-cinq
portées, ayans de largeur entre deux gardes demie aûne un pouce,
& vingt-une aûne & demie de Roy hors l'étille de longueur.

## LXXXVII.

LES Camelots cinq quarts façon de Lille, feront faits en vingt
buhots, en dix-huit buhots, & les moindres en seize buhots cinquante
portées, ayans de largeur entre deux gardes trois quartiers aûne
de Roy & un pouce, & de longueur vingt-deux aûnes de Roy hors
l'étille, pour revenir à vingt aûnes un quart ou vingt aûnes & demie.

## LXXXVIII.

LES Camelots façon de Lille, largeur demie aûne demi quart
de Roy, se feront en vingt buhots quarante portées, & les moindres
en seize buhots quarante portées de même longueur.

## LXXXIX.

LES Camelots appellez largeur de Lille blanc, feront faits en
vingt buhots, dix-huit, & les moindres en seize buhots, le tout
à trente six portées, ayans la largeur entre deux gardes demie aûne
& deux pouces aûne de Roy, de pareille longueur que dessus.

## LXXXX.

LES Camelots sept octave façon de Lille mêlez de plusieurs couleurs
feront faits en vingt buhots & dix-huit buhots, & les moindres en
seize buhots, le tout à trente-cinq portées, ayans de largeur entre
deux gardes demie aûne & deux pouces aûne de Roy, & de longueur hors l'étille vingt aûnes & demie de Roy.

## LXXXXI.

LES Camelots appellez trois quarts blancs se feront du moins en
seize buhots trente-cinq portées, ayans de largeur entre deux gardes

demie aûne de Roy un pouce moins, & de longueur de vingt-deux aûnes hors de l'étille.

## LXXXXII.

LES Camelots changeans façon de Lille trois quarts de diverses couleurs à quinze buhots, en trente-trois portées de même largeur que les blancs, & de longueur hors de l'étille de vingt-une aûne & demie.

## LXXXXIII.

LES petits trois quarts étroits blancs & mêlez se feront de quatorze buhots vingt-huit portées, ayans de largeur entre deux gardes quartier & demi un pouce, aûne de Roy, & de longueur hors de l'étille vingt-trois aunes, pour revenir à vingt-deux aûnes toutes apprêtées pour pouvoir partager une piece en deux, à l'effet d'en faire deux habits.

## LXXXXIV.

LES Camelots appellez Quignette blanc, seront faits à seize buhots trente-trois portées, ayans de largeur entre deux gardes demie aûne de Roy moins demi pouce, & de longueur hors de l'étille vingt-deux aûnes.

## LXXXXV.

LES Camelots façon d'Hollande enrichis d'un fil de soye se feront, les étroits en seize buhots trente-cinq portées, ayans de largeur entre deux gardes demie aûne demi pouce, & de longueur hors de l'étille vingt-un aûne & demie.

## LXXXXVI.

LE large de seize buhots quarante-quatre portées, ayans de largeur entre deux gardes deux tiers & demi pouce aûne de Roy, de pareille longueur de vingt-une aûne & demie hors de l'étille.

## LXXXXVII.

LES Etamines dont la Chaîne est composée de deux fils de laine, seront faites en quatorze ou seize buhots, & celles qui sont composées d'un fil de laine ou d'un fil de soye, auront dix-huit ou seize buhots trente-cinq portées, ayans de largeur entre deux gardes demie aûne demi pouce de Roy, & de longueur hors de l'étille vingt-deux aûnes.

## LXXXXVIII.

LES Camelots rayez cinq quarts se feront de douze buhots quarante-huit portées, ayans de largeur entre deux gardes trois quartiers aûne de Roy, & de longueur hors l'étille vingt-une aûne de Roy.

## LXXXXIX.

IL est enjoint à tous Saiteurs de faire les Pieces de Saïeterie énoncées és articles précedens aux comptes, portées & longueurs repris ésdites articles, à peine de confiscation & de vingt livres d'amende, applicable moitié à la Ville, & l'autre aux Egards ou Acculateurs.

## C.

POURRONT les Saiteurs augmenter les buhots & portées de leurs Ouvrages, mais ne pourront diminuer le nombre des portées, sous pretexte qu'ils auront augmenté le nombre des buhots, ni diminuer le nombre des buhots, sous pretexte qu'ils auront augmenté le nombre des portées, sur peine de confiscation de ce qui se trouvera en moindre compte, & de vingt livres d'amende, applicable moitié à la Ville, & l'autre moitié aux Egards ou Accusateurs.

## C I.

ET où quelque Saiteur s'avisera de faire quelque piece de nouvelle invention, il ne le pourra mettre sur l'étille sans en demander la permission aux Echevins, pour y prescrire le nombre de fils & la longueur, aprés avoir oüy quatre Marchands & quatre anciens Saiteurs.

## C II.

AFIN que l'on puisse reconnoître de l'Ouvrier de quel Maître sera sortie une Piece de Saïeterie Manufacturée en ladite Ville, pour recouvrer sur ledit Maître le dommage & la punition des défauts qui s'y pourroient rencontrer, auront les Maîtres Saiteurs chacun une marque qu'ils feront tenus de venir inscrire huitaine aprés la publication des presentes, sur un Regiftre qui à ce sera deftiné au Greffe dudit Hôtel de Ville, où ils auroient cy devant inscrit lad. marque audit Greffe, feront tenus dans le même tems de la venir renouveller, à peine de soixante sols d'amende, applicable comme dessus.

## C III.

SERONT tenus lesdits Maîtres de titre ou faire titre par leurs Ouvriers ladite marque au commencement de chacunes Pieces qui feront ourdies & montées dans leurs ouvroirs, sans qu'ils se puissent servir de la marque des uns & des autres, & changer leurs marques ordinaires, à peine de dix livres d'amende, applicable comme dessus.

## C IV.

CHACUN Maître aura un fer auquel sera gravé sadite marque avec son nom & surnom autour d'icelle, avec lequel il imprimera ladite marque, & lesdits nom & surnom d'un côté du plomb sur l'étille de l'Egard Ferreur en blanc, lequel appliquera de l'autre côté les armes de la Ville, & feront tenus lesdits Maîtres avoir lesdits fers dans huitaine du jour de la publication des Presentes, à peine de soixante sols d'amende, applicable comme dessus.

## C V.

IL est enjoint aux six Egards Ferreurs en blanc de faire leurs charges, & aller en visite incessamment dans les Ouvroirs desdits Maîtres

aïteurs & y appliquer le plomb fur l'étille à toutes les pieces de Saïe-
rie qui s'y trouveront montées, auquel plomb feront d'un côté im-
rimez la marque avec le nom & furnom du Maître, & de l'autre des
rmes de la Ville, comme deffus eft dit, afin que l'on puiffe eftre
ertain du lieu où la piece aura efté façonnée, fans que lefdits Egards
uiffent appliquer ledit plomb, que les pieces de Marchandifes ne
oient au nombre & compte de fils qu'elles doivent avoir, fuivant &
onformément aux prefens Statuts, à peine de dix livres d'amende &
e répondre des dommages & interêts en leurs noms pour la premiere
ois, & pour la feconde de plus grande amende, & de privation de
eurs Offices, ladite amende applicable moitié à la Ville & l'autre
noitié aux Accufateurs, & en cas de défaut au nombre defdits fils,
eront tenus lefdits Egards faifir la piece où fe trouvera le défaut, la
ontre fceller & la dénoncer à l'heure même à l'Hôtel de Ville, fur
eine, en cas de connivence, de pareille amende, applicable comme
deffus.

C V I.

Et en cas que le nombre defdits fix Egards ne foit fuffifant pour
aire toutes lefdites vifites, le nombre en fera augmenté par les Premier & Echevins, s'ils le trouvent à propos.

C V I I.

Seront tenus lefdits Egards appliquer lefdits plombs de foixante
à la livre, & auront pour leur falaire de lad. Egardife deux deniers de
chacun plomb.

C V I I I.

Ne pourront les Maîtres Saiteurs expofer en vente aucunes Pieces
de Saïeterie qu'elles ne foient ferrées, conformément aux articles cy-
deffus, fur peine de confifcation des Marchandifes, & les Marchands
en achêter qu'elles n'ayent ledit plomb, à peine de vingt livres d'a-
mende, applicable moitié à la Ville & l'autre aux Accufateurs.

C I X.

Les Rocqs dont les Ouvriers de Saïeterie travailleront doréna-
vant feront apportez à l'Hôtel de Ville pour y eftre marquez du coin
de la Ville en la prefence de deux Egards; faifans deffences à toutes
perfonnes d'en vendre & achêter, & à tous Maîtres Saiteurs de s'en
fervir, & d'en fouffrir dans leurs Ouvroirs & Maifons fans avoir efté
marquez, comme eft dit cy deffus, à peine de confifcation defdits
Rocqs & dix livres d'amende, applicable comme deffus; & auront
lefdits Egards fix deniers pour leurs falaires pour chacun defdits Rocqs.

C X.

Seront tenus tous les Maîtres Saiteurs avoir tous les Rocqs
proportionnez à la largeur & au compte des fils à eux ordonnez par

les précedens articles de tous les ouvrages qu'ils façonneront , sans
qu'ils en puiſſent avoir pour moindre largeur , & pour moindre compte
de fils , à peine de confiſcation & de dix livres d'amende, applicable
comme deſſus. Enjoint aux Egards dudit Métier de viſiter ſoigneu-
ſement leſdits Rocqs & autres Uſtenciles ſervans à façonner leſd. Marchandiſes de Saïeterie, & de ne ſouffrir qu'aucuns en ayent pour
moindre largeur & pour moindre compte de fil qu'il eſt ſtatué par les
précedens articles , ſans les dénoncer au même inſtant à l'Hôtel de
Ville , à peine de dix livres d'amende contre chacun deſdits Egards.

C X I.

L E S  Maîtres Saiteurs ſeront tenus ſi tôt leurs Pieces de Saïeterie
achevées , tant blanches que de couleur , les porter en la Halle appellée la Halle en blanc pour y eſtre aûnée par les Egards dudit Métier ,
& ſi elles ſe trouvent de la longueur portée par les précedens articles, le plomb y ſera appoſé, ayant d'un côté la marque du Saiteur ,
de l'autre celle de la Ville, & ſi elles ſe trouvoient de moindre longueur , elle ſera apportée à l'Hôtel de Ville pardevant leſdits Eche-
chevins pour y eſtre pourvû ſuivant la rigueur des preſens Statuts,
& à l'effet que deſſus ſeront tenus les Egards de ſe trouver tous les
jours eſdites Halles, du moins depuis l'heure de dix heures juſqu'à
midy en nombre ſuffiſans, à peine de dix livres d'amende contre
leſdits Eſgards, applicable comme deſſus.

C X I I.

L E S  ſalaires des Egards pour l'aûnage deſdites Marchandiſes
& pour ledit plomb, ſera de deux deniers pour chacun plomb, leſquels ils fourniront de ſoixante à la livre & receveront ledit ſalaire,
ſçavoir , pour les pieces de couleur des mains de l'Ouvrier, & pour les
pieces en blanc des mains du Marchand.

C X I I I.

L E S D I T S  Saiteurs ne pourront expoſer en vente leurs pieces de
Saïeterie de quelque qualité qu'elles ſoient, qu'elles n'ayent eſté
portées eſdites Halles & ferrées dudit plomb, à peine de confiſcation
& de dix livres d'amende, comme pareillement ne pourront les Marchands en achêter qu'elles n'ayent led. plomb, à peine de vingt livres
d'amende, la moitié à la Ville & l'autre moitié aux Egards ou Accuſateurs.          C X I V.

S'I L  ſe trouvoit défaut de compte de fils ou d'aûnage aux Pieces
de Marchandiſes de Saïeterie , ayant leſdits plombs de l'étille & de la
Halle en blanc, la Piece ſera confiſquée à la perte du Saiteur qui ſera
tenu en rendre le prix au Marchand à qui il l'aura vendu, & ſera

n outre condamné en amende, suivant qu'il est dit aux précedens
rticles, & pour la connivence desdits Egards d'avoir appliqué lesd.
lombs nonobstant lesdits défauts, ils seront codamnez, sçavoir, les
gards ferreurs sur l'étille conformément à l'article cy-dessus, au cas
ue le défaut soit dans le compte des fils, & les Egards Saiteurs au
as que le défaut soit dans l'aûnage solidairement en cinquante livres
'amende, applicable moitié la Ville & l'autre moitié au Dénon-
iateur.

## C X V.

EN cas que la Piece de Saïeterie qui sera apportée aux Halles en
lanc se trouve de quelque quartier plus longue qu'elle doit estre
ar les presens Statuts, ne pourront lesdits Egards Saiteurs couper
e qui excedra, à peine de dix livres d'amende, applicable comme
essus.

## C X V I.

DEFFENSES aux Saiteurs de porter à la vente aucunes Pieces
e Marchandises qu'elles ne soient faudées d'une demie aûne de Roy,
n telle sorte que l'une des entrebattes soit au dessus de la Piece &
autre au dessous, afin qu'on puisse voir les plombs, marques & en-
rebattes du Maître, & sans y faire aucun double ply, ni les coudre
ue de deux points dans le milieu des deux lisieres, à peine de dix
vres d'amende pour chacune Piece, faisans défenses aux Marchands
e les achêter faudée & pliée autrement, à peine de pareille amende,
pplicable moitié à la Ville & l'autre moitiée au Dénonciateur, est
njoint ausdits Saiteurs de faire leurs Pieces égales en bonté en tous
endroits d'icelles sans aucune montre, à peine de confiscation.

## C X V I I.

EST défendu aux Egards Saiteurs de ferrer aucunes Pieces de
aïeterie qui n'auront esté faites en la Ville & qui viendroient de
ehors, soit qu'elles soient en blanc ou en noir, à peine de dix livres
'amende, applicable comme dessus.

## C X V I I I.

SUIVANT les articles cent sept, cent trente trois, & cent qua-
ante-sept des anciens Statuts dudit Métier de Saiteur, & l'Arrest
u Parlement du douziéme Decembre mil six cens cinquante-six, est
ait défenses à toutes personnes d'apporter en cette Ville aucunes
ieces de Saïeterie non apprêtées pour les y vendre ou faire apprê-
er, & à toutes personnes de les recevoir, fouler, teindre ni ap-
ointer, sur peine de confiscation & de vingt livres d'amende, appli-
able moitié à la Ville & l'autre moitié aux Egards ou Accusateurs;
t en cas que lesdites Pieces soient apportées pour passer debout, la
eclaration en sera faite au Greffe de lad. Ville sur le Registre, vingt-

*Remarquer que l'Arrest d'homologation a modifié cet Article nonobstant lequel les Serges d'aumalle pourront estre portées, apprétées, venduës & debitées en la Ville d'Amiens.*

quatre heures avant l'entrée, aux peines cy-deſſus ſuivant ledit Arreſt.

### CXIX.

EST Enjoint auſdits Egards de faire inceſſamment viſite és Ou-vroirs des Foulons, Teinturiers, Tondeurs, Retordeurs & Calen-dreurs pour connoître des contraventions à l'article précedent, & en cas de contraventions, ſaiſir leſdites Pieces de Saïeterie, & les faire apporter à l'Hôtel de Ville, pour y eſtre pourvû ſuivant la rigueur dud. article.

### CXX.

EST encore défendu aux Marchands Etrangers de tranſporter hors d'icelle Ville aucunes Piéces de Saïeterie manufacturées par les Ou-vriers demeurans en icelle, qu'ils pourroient achêter en blanc, qu'elles n'ayent eſté teintes, appointées, foulées, boüillies & marquées du plomb des Halles en noir, ſur peine de confiſcation deſd. Pieces & de ſoixante ſols d'amende, moitié à la Ville & l'autre moitié aux Egards ou Accuſateurs.

### CXXI.

TOUTES les Pieces de Marchandiſes de Saïeteries faites & façon-nées en ladite Ville, ſortans de leur dernier appreſt, ſoit Teinture ou Foulage, avant que d'eſtre envoyées hors la Ville ſeront portées en ladite Halle appellée la Halle en noir pour y eſtre viſitées & aûnée par les Egards Saiteurs, & ſi elles ſe trouvent bonnes & loyales & de la longueur qu'elles doivent eſtre toutes apprêtées, qui eſt de vingt aû-nes un quart, ou vingt aûnes & demie, elles ſeront marquées par leſ-dits Egards du plomb de la Halle en noir, appellé plomb de loyauté.

### CXXII.

LES Marchands de la Ville ſeront tenus ſe trouver deux à tour de Rolle dans ladite Halle, pour faire leſdites viſites avec leſdit Egards, à peine contre les-refuſans de s'y trouver de dix livres d'a-mende, comme auſſi ſera tenu le Procureur du Roy de la Ville de s'y trouver ſouvent, de requerir leſdits Echevins d'y deputer ceux d'entr'eux qui y ſeront intelligens.

### CXXIII.

LE ſalaire deſdits Egards Saiteurs pour ledit plomb de Halle en noir, qui ſera de ſoixante à la livre ſera de deux deniers pour cha-cune Piece de Saïeterie ferrée dudit plomb de la Halle en noir.

### CXXIV.

DEFFENSES auſdits Egards d'appoſer le plomb de ladite Halle en noir aux Pieces qu'ils trouveront troüées de deux ou trois trous ou caſſées en travers, à peine de ſoixante ſols d'amende.

### CXXV.

S'IL eſtoit trouvé qu'aucunes Pieces de Marchandiſes ſortit de ladit

lad. Ville fans avoir ledit plomb de ladite Halle en noir, foit que ce
fût par ordre d'un Saiteur ou Marchand de la Ville , ou par celuy
de quelque Etranger, la Piece de Marchandife fera confifquée,& le
Marchand de la Ville ou Forain condamné en cinquante livres d'a-
mende, moitié à la Ville, l'autre moitié aux Egards ou Accufateurs.

### CXXVI.

L'HEURE de ladite Egardife fera de neuf heures du matin jufqu'à
onze , & d'une heure aprés midy jufqu'à trois , aufquelles heures le
Clerc de la Ferme de la Saïeterie fera tenu fe trouver efdites Halles,
tant pour la confervation du droit du Fermier, que pour tenir Regiftre de toutes les Pieces qui s'y ferreront & du nom à qui elles appartiendront.

### CXXVII.

LES Egards dudit Métier de Saiteurs ne pourront prendre & recevoir aucunes amendes des délinquans , qu'elles ne leurs foient
ajugées par Sentence , à peine de concuffion.

### CXXVIII.

LESDITS Egards feront à l'avenir au nombre de douze , qui
feront les douze plus anciens dudit Métier qui ne feront nottez de
mauvaife vie, à commencer du premier Octobre mil fix cens foixante-
fix, foit qu'ils ayent efté cy-devant Egards ou non, pourvû néanmoins
qu'ils ne l'ayent efté qu'une fois, & ainfi confecutivement d'année en
année , les douze plus anciens à tour de Rolle fuivant leur reception,
lefquels en cas de malverfation pourront eftre dépoffedez par lefdits
Echevins & multez de trente livres d'amende, & en cas de concuffion,
de reftitution & de punition corporelle.

---

## FOULAGE DES PIECES DE SAYETERIE.

### CXXIX.

DEFFENSES font faites à tous Maîtres Foulons de fouler aucune
piece de Saïeterie en blanc qu'elle n'ait efté faite & ouvrée en cette
Ville, & qu'elle n'ait les plombs fur l'étille & de l'aûnage, à peine
de fix livres d'amende , moitié à la Ville & l'autre aux Egards ou
Accufateurs; & fous pareille peine ne pourront lefdits Foulons ôter
lefdits plombs aufdites Pieces de Saïeterie qu'ils fouleront.

### CXXX.

ET afin que la Marchandife en blanc foit bien foulée, nettoyée
& l'empoife ôtée, en telle forte que ladite Marchandife puiffe aisé-
ment prendre & recevoir le pied de guelde , cauroy , teinture &
l'appreft qu'il eft requis luy bailler ; ne pourront lefdits Foulons
mettre ne fouler en une vaiffellée plus de cinq Serges à la Reine, ou

D

quatre Razes d'Amiens, deux cinq quarts façon de Seigneur, deux Pieces de Serges façon d'Alcot, deux Baraquans blancs gros grains, quatre Camelots fils retors ou trois fils, deux Camelots façon de Valenciennes, & chaque espece des susdites Marchandises suivant le nombre cy-dessus sera pour faire une vaisselée, & pour les bien fouler, ils seront deux dans chaques vaisseaux & sur chaque vaisselée un lot de grumel pour le moins, qui est fleur d'avoine; & avant que travailler ils feront nétoïer leurs vaisseaux, lesquels ils ne pourront mettre en cave ne celiers & lieux obscurs, afin que les Egards puissent mieux voir & connoître les fautes qui seroient en l'ouvrage, le tout sur peine de six liv. d'amende en cas de contravention, applicable comme dessus.

C XXXI.

SERONT tenus lesdits Foulons changer & vuider au net leurs Vaisseaux aprés avoir foulé deux vaisselées, sans pouvoir se servir des eaux & grumel qui auront esté mis esdites deux vaisselées, à peine de soixante sols d'amende, applicable comme dessus.

C XXXII.

EST Ordonné que les Maîtres Foulons ausquels les Marchands de cette Ville auront baillé leurs Pieces de Saïeterie à fouler, ne pourront en un jour faire que quatre vaisselées sans renouveller les Ouvriers, afin de les faire reposer, sur peine de vingt sols d'amende, moitié à la Ville & l'autre aux Egards ou Accusateurs, lesquels Maîtres Foulons répondront des fautes que pourront faire lesdits Ouvriers, sauf leur recours alencontre d'eux.

C XXXIII.

NE pourront lesdits Foulons fouler ensemblement les Marchandises qui se trouveront de differentes qualitez, de crainte que pour fouler celles qui seront de plus grande force au point qu'elles doivent, ils ne gâtent celles de moindre force, à peine de répondre du dommage envers le Marchand, & de vingt sols d'amende, moitié à la Ville & l'autre aux Egards ou Accusateurs.

C XXXIV.

SERONT tenus lesdits Foulons de détordre les chaînes & lisieres des Pieces de Saïeterie qu'ils auront dans chacune vaisselée d'eau chaude jusqu'à la concurrence d'un sceau pour le moins, afin qu'en les corroyant il ne se trouve plus aucune empoise, & que la guelde & teinture puisse mieux atteindre & percer lesdites chaînes & lisieres, sur pareille amende, applicable comme dessus.

C XXXV.

SERONT encore tenus lesdits Foulons appeller les Egards sur

e foulage avant rendre les Marchandiſes aux Corroyeurs, Teinturiers
& Marchands, pour voir ſi elles ſont ſuffiſamment foulées & nétoïées,
ſur pareille amende que deſſus, leſquels Egards ſeront tenus faire ladite viſite & Egardiſe en perſonne, ſur peine de ſoixante ſols d'amende
au profit de l'Accuſateur, & de ſuſpenſion en cas de refus.

### CXXXVI.

E T en cas que leſdits Egards trouvent leſdites Pieces de Saïeterie
bien & ſuffiſamment foulées, nétoïées & dreſſées ſelon qu'elles le deſi-
eront, ils y appliqueront leur coin & marque portant la Lettre F.
en la maniere accoûtumée, & s'ils en trouvent de mal foulées, né-
oïées & redreſſées leſdits Egards ſeront tenus en faire leur dénoncia-
ion, & le Foulon les amendra & mettra en ordre, & outre ce ſera
ondamné en dix ſols d'amende pour chacune Piece, moitié à la
Ville & l'autre moitié aux Egards ou Accuſateurs.

### C XXXVII

L E S Pieces de Marchandiſes de Saïeterie venantes des Teintu-
iers ſeront reviquées au Moulin.

### C XXXVIII.

S E R O N T leſdits Egards ſur le foulage en nombre de quatre, les
deux dudit Métier de Foulon, & les deux autres du Métier de Saiteur.

### C XXXIX.

S E R O N T tenus leſdits Egards viſiter leſdites Pieces de Saïeterie,
tant és maiſons deſdits Foulons qu'és maiſons des Corroyeurs, & ſeront reſponſables de leurs viſites, tellement que ſi eſdites Pieces de
Saïeterie marquées du coin & fer portant ladite lettre F. eſtoit trouvé
quelque défaut de foulage, ils écherront en trente ſols d'amende, moi-
ié à la Ville & l'autre à l'Accuſateur, & repareront le dommage du
Marchand.            ### C XL.

L E ſalaire deſdits Egards pour leurdite marque & ſceau ſera d'un
denier pour chacune Piece, qui leur ſera payé par le Foulon.

## HAUTELISSEURS.

### C XLI.

L E S Maîtres Hauteliſſeurs de cette Ville d'Amiens ne pourront
tenir dans leurs maiſons chacun plus d'un Apprentif, pourront néanmoins avec ledit Apprentif montrer leur Métier à leurs enfans.

### C XLII.

S E R O N T tenus enſeigner ledit Métier auſdits Apprentifs, les
faire regiſtrer au Greffe de la Ville par nom & ſurnom, & le lieu d'où
ils ſeront natifs, & enſuite faire ſerment de bien & diligemment en-

seigner lesdits Apprentifs l'espace de trois ans confecutifs, & lesdits
Apprentifs promettront de bien apprendre ledit Métier pendant ledit
temps , servir & obeïr à leur Maître.

### C XLIII.

P o u r  estre admis audit Apprentiffage ledit Apprentif sera tenu
payer quinze sols pour les droits ; sçavoir, dix sols au profit de la
Ville & cinq sols au profit des Egards dudit Métier.

### C XLIV.

Q u a n t  aux Enfans de Maîtres les Peres les presenteront & feront
regiftrer comme deffus, sans pour ce payer aucune chofe à lad. Ville,
ni aufdits Egards.

### C XLV.

N u l  ne pourra avoir Apprentif qu'il n'ait deux Etilles ou Métiers
pour le moins, l'une pour luy & l'autre pour fon Apprentif, fur peine
d'amende arbitraire.

### C XLVI.

L'A p p r e n t i f  qui aura efté regiftré fous fon Maître fera tenu
continuer fous luy fon Apprentiffage l'efpace defdits trois ans fans
interruption, & au cas qu'il quitte fondit Maître pour aller eftre Apprentif chez un autre Maître, fera tenu recommencer fon Apprentiffage, fe faire regiftrer de nouveau , & payer les droits cy - deffus,
fans qu'il puiffe compter le temps qu'il aura travaillé fous le Maître
qu'il aura quitté, & audit cas ledit Maître pourra reprendre un autre
Apprentif, en le faifant regiftrer comme deffus eft dit.

### C XLVII.

M a i s  fi le Maître s'abfente le temps de fix femaines , délaiffe
l'exercice de fon Métier, ou vient à deceder, l'Apprentif pourra choifir
un autre Maître, fous lequel il pourra continuer le temps de fon Apprentiffage.

### C XLVIII.

L'A p p r e n t i f  ne pourra prétendre ni avoir part au gain ni à
la perte des Pieces d'Ouvrages qu'il fera ou feront faites en la maifon de fon Maître, fur peine de foixante fols d'amende , moitié à la
Ville, & l'autre aux Egards ou Accufateurs.

### C XLIX.

N u l  Apprentif ne pourra eftre reçû Maître qu'il n'ait achevé
fon Apprentiffage, & fait Chef- d'œuvre dudit Métier dans la Halle
en blanc des Saiteurs, au lieu à ce defigné, lequel Chef d'œuvre fera
vifité par les Egards, & s'il eft trouvé bon & fuffifant, fera led. Apprentif par eux prefenté aufdits Premier & Echevins avec fondit Chef-
d'œuvre & reçû à Maîtrife en prêtant le ferment au cas requis, & enfuite fe fera regiftrer au Greffe avec la figure & forme de la marque

u'il choifira pour mettre fur les Pieces qu'il façonnera , afin que l'on
uiffe en cas de faute les reconnoître, & recouvrer fur lui tels interêts
u'il appartiendra , & payera pour fadite reception quarante fols à la
ille & vingt fols aux Egards.

### C L.

NUL ne pourra travailler dudit Métier qu'il ne foit reçû Maître
omme deffus, à peine de confifcation de la Marchandife & de foixante
ls d'amende, applicable moitié à la Ville & l'autre moitié aux Egards
u Accufateurs ; fans qu'aucun puiffe aller travailler dans les Faux-
ourgs ni hors des murs & remparts de cette Ville , fous pareille peine.

### C LI.

TOUS lefdits Hauteliffeurs feront tenus faire leurs Pieces d'Haute-
Te de bonnes étoffes bien fuivies , fans aucun mêlange , à peine
eftre lefdites Pieces comme défectives coupées & cifelées pour eftre
nduës en détail , & eftre condamnez en foixante fols d'amende
ur la premiere fois , d'amende arbitraire pour la feconde , & de
fpenfion de leur métier pour quelque temps, & d'en eftre privé à
mais pour la quatriéme fois.

### C LII.

N'Y aura qu'un Maître en chacun Ouvroir, encore qu'il y ait
ufieurs Métiers & Etilles , à peine de dix livres d'amende, moitié
la Ville & l'autre moitié aux Egards ou Accufateurs.

### C LIII.

NE pourront deux ou plufieurs Maîtres s'affocier ni profiter en
mmun de leurs Ouvrages, pour éviter aux monopoles , fraudes &
llufions qui pourroient furvenir , fur peine de foixante fols d'amende,
plicable comme deffus pour la premiere fois , & d'amende arbitraire
ur la feconde.

### C LIV.

AUCUNS des Maîtres ou Apprentifs ne pourront travailler
dit Métier que dans les Ouvroirs qui feront fur ruë & devantures
leurs maifons & demeures jufqu'au troifiéme étage, à peine de
ixante fols d'amende, applicable comme deffus.

### C LV.

EST deffendu aufdits Maîtres de travailler ou faire travailler à la
andelle au foir & au matin, d'avoir proche de leurs étilles aucu-
s lampes ou craffet, ni de graiffer leurs Rocqs pour éviter que leurs
eces foient tachées, fur peine d'amende, applicable comme deffus
ur la premiere fois, d'amende arbitraire pour la feconde, de fuf-
nfion de leur Metier d'un an pour la troifiéme, fauf aufd. Maîtres

d'aller travailler pendant ledit temps chez un autre comme Ouvrier

## C L V I.

AUCUN Maître ne pourra quitter ledit Métier pour prendre celuy de Saiteur, qu'il ne soit Maître dudit Métier de Saiteur, & qu'au préalable il n'ait fait sa declaration du choix de celuy qu'il voudra exercer, à peine de confiscation de son Ouvrage, & de soixante sols d'amende, applicable comme dessus.

## C L V I I.

AUCUN ne pourra recevoir un Ouvrier pour travailler venant d'un autre Maître, qu'il ne soit assuré de congé & consentement d'iceluy, à peine de soixante sols d'amende, applicable comme dessus.

## C L V I I I.

AUCUNS Etrangers ne pourront venir travailler comme Maître en ladite Ville du Métier d'Hautelisseur, qu'il n'ait justifié avoir esté reçû Maître en Ville de Loy, auquel cas ils seront reçûs Maîtres en prêtant le serment, si les Premier & Echevins le trouvent ainsi estre à faire.

## C L I X.

LES Maîtres Hautelisseurs auront une Marque chacun, qu'ils seront tenus faire inscrire au Greffe de la Ville, dans un Tableau ou Registre qui sera pour ce destiné, & où ils auroient cy-devant inscrit leurs Marques au Greffe de ladite Ville, seront tenus la venir renouveller sur ledit Tableau dans huitaine du jour de la publication des presentes, à peine de dix livres d'amende.

## C L X.

LA Marque desdits Maîtres sera tissuë par chacun Ouvrier au bout de la piece, à peine de confiscation & de soixante sols d'amende moitié à la Ville, & l'autre moitié aux Egards ou Accusateurs, sans qu'un Ouvrier travaillant dans un Ouvroir, puisse se servir de la Marque du Maître d'un autre Ouvroir sous les mêmes peines, applicables comme dessus.

## C L X I.

AURONT lesdits Maîtres chacun un fer, où sera gravé leursdite Marques & le nom & surnom du Maître autour d'icelle dans huitaine du jour de la publication des presentes, à peine de 60. sols d'amende applicable comme dessus.

## C L X I I.

LESDITS Maîtres Hautelisseurs, seront tenus de faire leurs Ouvrages de nombre de fils & des largeurs ou longueurs cy-aprés specifié sans qu'ils les puissent diminuer, à peine de confiscation & dix livres d'amende, applicable moitié la Ville, & l'autre moitié aux Egards ou Accusateurs.

## C L X I I I.

LES Serges de Rome croisées d'un côté seront faites en vingt-un

buhots quarante- trois portées, de largeur entre deux gardes demie
ûne un feize aûne de Roy, & de longueur hors de l'étille de vingt-
ne aûnes & demie, pour revenir toutes foulées & apprêtées à vingt-
ne aûnes un quart ou vingt aûnes & demie, du moins à vingt aûnes
quelque pouce, ainfi que toutes les autres Pieces cy-aprés exprimées.

### C L X I V.

LEs Serges de Rome croifées de deux côtez feront faites de vingt-
trois buhots quarante-trois portées, de pareille largeur & longueur
que deffus.

### C L X V.

LEs Serges de Rome lices feront faites en vingt-deux buhots quarante-deux portées, même largeur que deffus, moins un pouce, & de
même longueur.

### C L X V I.

LEs Cinq quarts demi foye, croifez d'un côté auront vingt un
buhots cinquante-une portées, de largeur entre deux gardes trois quartiers moins un pouce & demi, & de longueur hors de l'étille vingt-
ne aûnes & demie pour revenir apprêtées à vingt aûnes un quart ou
vingt aûnes & demie.

### C L X V I I.

LEs Cinq quarts demi foye, croifez des deux côtez, feront faits
en vingt-trois buhots cinquante-une portées, de largeur entre deux
gardes de trois quartiers moins un pouce & demi, & de longueur
hors de l'étille vingt-une aûnes & demie aûne de Roy, pour revenir
vingt aûnes un quart ou vingt aûnes & demie toutes apprêtées.

### C L X V I I I.

LEs Serges demi foye de couleur, croifées d'un côté, auront vingt-
un buhots quarante portées, de largeur entre deux gardes demie
ûne un feize moins un pouce, & de longueur hors de l'étille vingt-
ne aûnes & demie, pour revenir apprêtées à vingt-une aûnes un
quart, ou vingt aûnes & demie aûne de Roy.

### C L X I X.

LEs Serges demy foye de couleur, croifées de deux côtez, auront
vingt trois buhots quarante quatre portées, de même largeur & longueur que les précedentes.

### C L X X.

LEs Serges de Rome lices de couleur, feront faites de vingt deux
buhots quarante-quatre portées, de largeur entre deux gardes demie
ûne un feize de Roy, & de longueur hors de l'étille de vingt-une
aûnes & demie, pour revenir apprêtées à vingt aûnes un quart ou
vingt aûnes & demie.

### C L X X I.

LEs Dauphines & Indiennes, auront vingt-trois buhots trente
portées, de largeur entre deux gardes pied & demi un pouce de
Roy, & de longueur hors l'étille vingt-trois aûnes de Roy, pour

revenir toutes apprêteés à vingt-une aûnes un quart, ou vingt aûne
& demie aûne de Roy. 	C L XXII.

LE s Yeux de Perdrix, Fleurons, Ondes & Rofes auront vingt-troi
buhots trente portées de largeur entre deux gardes, pied & demi u
pouce de Roy, & de longueur hors de l'étille vingt-deux aûnes &
demie, pour revenir apprêtés à vingt aûnes un quart ou vingt aûnes &
demie. 	C L XXIII.

LE s Caftaignettes croifées des deux côtez, & autres pareille
Etoffes fe feront de quarante-un buhots trente deux portées & de
mie, & auront de largeur entre deux gardes pied & demi de Roy
& de longueur vingt-une aûnes & demie hors de l'étille, pour reve
nir aprêtees comme en l'article précedent.
C L XXIV.

LE s Ferandines ou Burails à contre-poil, fe feront en vingt-hui
buhots trente portées, & auront de largeur entre deux gardes pie
& demi de Roy, & de longueur vingt-une aûnes & demie de Roy hor
de l'étille, pour revenir aprêtées à vingt aunes un quart ou vingt aûne
& demie. 	C L XXV.

LE s Marguerites fe feront en trente-trois buhots trente portées
& auront de largeur entre deux gardes pied & demi de Roy, & d
longueur vingt une aûnes & demie hors de l'étille, pour revenir tou
tes aprêtées à vingt aûnes un quart ou vingt aûnes & demie.
C L XXVI.

LE s Droguets de foye feront faits en feize buhots trente portées
même largeur & longueur des Dauphines cy-deffus, le tout aûne d
Roy. 	C L XXVII.

LE s Etamines compofées d'un fil de laine & d'un fil de foye f
feront en dix-huit à feize buhots trente-cinq portées, ayans de largeu
entre deux gardes demie aûne demi pouce de Roy, & de longueu
hors de l'étille vingt-deux aûnes de Roy, fans préjudice du Procé
que les Hautelifleurs ont contre les Saiteurs pour raifon de la faço
defdites Etamines, qui eft refpectivement prétenduë par les deux
Corps de Métier à l'exclufion l'un de l'autre.
C L XXVIII.

IL eft enjoint aux Egards Hautelifleurs, fuivant l'article trente
fix de leurs anciens Statuts, de faire inceffamment vifite dans tou
les Ouvroirs où fe façonnent les Ouvrages u'Hautelifle, pour y appli
quer le plomb fur l'Etille à toutes les Pieces qui s'y trouveront mon
tées, auquel plomb feront d'un côté imprimez la marque avec le
nom & furnom du Maître & de l'autre les armes de la Ville, afin
que

re l'on puiſſe eſtre certain du lieu où la Piece aura eſté façonée,
ns que leſdits Egards puiſſent appliquer ledit plomb que les Pieces
e Marchandiſes ne ſoient au nombre & compte de fils qu'elles doi-
ent avoir, ſuivant & conformément aux preſens Statuts, à peine
e dix livres d'amende & de répondre des dommages & intereſts en
urs noms pour la premiere fois, & de plus grande pour la ſeconde,
en cas de défaut au nombre deſdits fils, ſeront tenus leſd. Egards
iſir la Piece où ſe trouvera le défaut, la contre-ſceller & la dénon-
r à l'heure même à l'Hôtel de Ville, ſur peine, en cas de conni-
nce de dix livres d'amende, applicable moitié à la Ville & l'autre
x Accuſateurs.              C L X X I X.

S E R O N T  tenus leſdits Egards appliquer de petits plombs, pour
ur ſalaire de ladite Egardiſe auront un denier de chacun plomb.
                        C L X X X.

L E S  Rocqs dont les Ouvriers d'Hauteliſſe travailleront doréna-
nt ſeront apportez à l'Hôtel de Ville pour y eſtre marquez du
in de la Ville en la preſence de deux Egards; faiſans deffenſes à
utes perſonnes de vendre & achêter, & à tous Maîtres Hauteliſ-
rs de s'en ſervir, & d'en ſouffrir dans leurs Ouvroirs & maiſons
ns avoir eſté marquez, comme dit eſt, à peine de confiſcation
ſdits Rocqs & de dix livres d'amende, applicable la moitié à la
lle, & l'autre aux Egards ou Accuſateurs, & auront leſdits Egards
 deniers pour leur ſalaire pour chacun deſdits Rocqs.
                      C L X X X I.

S E R O N T  tenus tous les Maîtres Hauteliſſeurs avoir tous leurs
ocqs proportionnez à la largeur & au compte deſdits fils à eux ordon-
 par les précedens articles, de tous les Ouvrages qu'ils façonnent, ſans qu'ils en puiſſent avoir pour moindre largeur & pour moin-
e compte de fils, à peine de confiſcation & de dix livres d'amende,
plicable comme deſſus; enjoint auſdits Egards de viſiter ſoigneu-
ment leſdits Rocqs & autres Uſtenciles ſervans à façonner leſdites
archandiſes d'Hauteliſſe, & de ne ſouffrir qu'aucuns en ayent pour
oindre largeur & pour moindre compte de fils qu'il eſt, comme dit eſt,
tué par les précedens articles, ſans les dénoncer au même inſtant à
Hôtel de Ville, à peine de dix livres d'amende contre chacun Egard.
                      C L X X X I I.

L E S  Maîtres Hauteliſſeurs ſeront tenus auſſi-tôt leurs Pieces
Hauteliſſes achevées, tant blanches que de couleur, les porter en
rs Halles en blanc pour y eſtre aûnées par leſdits Egards, & ſi elles
trouvent de la longueur portée par les précedens articles, le plomb

y fera appofé ayant d'un côté la marque de l'Hauteliffeur & de l'autre
celle de la Ville, & fi elles fe trouvoient de moindre longueur, elle
feront apportées à l'Hôtel de Ville pardevant lefdits Echevins pour
eftre pourvû fuivant la rigueur des prefens Statuts, & à l'effet que
deffus feront tenus les Egards de fe trouver tous les jours efdites Halles depuis l'heure de dix heures, du moins jufqu'à midy, à peine de dix
livres d'amende contre lefdits Egards, moitié à la Ville & l'autre aux
Accufateurs.                    C L X X X I I I.

L E S D I T S Hauteliffeurs ne pourront expofer en vente leurs Pieces
d'Hauteliffe, de quelques qualitez qu'elles foient, qu'elles nayent eft
portées efdites Halles & ferées dudit plomb, à peine de confifcation
& de dix livres d'amende; comme pareillement eft fait deffenfes aux
Marchands d'achêter aucunes defd. pieces qu'elles nayent ledit plomb
fous pareille peine, applicable moitié à la Ville & l'autre aux Egards o
Accufateurs.                    C L X X X I V.

E S T enjoint aufdits Egards, en vifitant les Pieces d'Hauteliffe dan
leurfdites Halles, de prendre garde qu'elles ne foient défectives &
corrompuës par fauffes cordes, faux lacs, par forlachures & autres fau
tes quelconques, fi elles ne font trouvées caffées ou déchirées, fi elle
font façonnées de fils fuivables & non barrez, & s'il s'en trouvoit d
cette qualité, le Maître chez qui elles auront efté façonnées fera con
damné en vingt fols d'amende pour chacune faute, applicable moiti
à la Ville & l'autre aux Egards ou Accufateurs, fi les fautes font gran
des lefd. Egards ne les ferreront, & feront lefdites Pieces venduës e
détail.                    C L X X X V.
E T en cas de connivence des Egards à ne point deceler lefdites fau
tes à l'Hôtel de Ville, ils feront condamnez chacun en foixante fo
d'amende, applicable comme deffus pour la premiere fois, & pour l
feconde d'interdiction de leur Egardife, & de plus grande amende.
                    C L X X X V I.
E S T deffendu à tous Ouvriers Hauteliffeurs de faire aucune queu
à la fin de leurs Ouvrages, ni attacher aucun Coupon pour les ren
dre de l'aûnage fufdit, fur peine de dix livres d'amende & de confif
cation de la Piece, & aux Egards de ferer lefdites Pieces d'Haute
liffe fur aucune queuë ou Coupon, à peine de vingt livres d'amende
applicable comme deffus.
                    C L X X X V I I.
S'I L fe trouvoit défaut à la longueur d'une Piece d'Hauteliff
ayant ledit plomb, lefdits Egards qui l'auront appofé feront con
damnez folidairement en cinquante livres d'amende, moitié à l

Ville, & l'autre moitié aux Accuſateurs.

### C LXXXVIII.

LESDITS Egards auront pour leur ſalaire, tant pour viſiter leſ-dites Pieces d'Hauteliſſe que pour l'aûnage, deux deniers qu'ils tou-cheront des mains du Marchand pour les Pieces qui ſeront blanches, & des mains de l'Ouvrier pour celles qui ſeront de couleur.

### C LXXXIX.

DEFFENSES auſdits Hauteliſſeurs de porter à la vente aucunes Pieces de Marchandiſe qu'elles ne ſoient faudées d'une demie aûne de Roy, en telle ſorte que l'une des entrebattes ſoit au-deſſus de la Piece, & l'autre au-deſſous, afin que l'on puiſſe voir les plombs, marques & entrebattes du Maître, ſans y faire aucuns doubles plis ny les cou-dre que de deux points dans le milieu des deux liſieres, faiſant défen-ſes de les coudre dans d'autres endroits & de plus de points, à peine de dix livres d'amende pour chacune Piece, applicable moitié à la Ville, & l'autre aux Egards ou Accuſateurs ; faiſant pareillement deffenſes aux Marchands de les achêter faudées & pliées autrement, à peine de pareille amende, applicable comme deſſus, eſt enjoint auſdits Hauteliſſeurs de faire leurs Pieces égales en bonté en tous les endroits d'icelles, ſans aucunes montres, à peine de confiſcation.

### C LXXXX.

SERONT tenus les Hauteliſſeurs de bien éplucher & nétoïer leurs Pieces de Marchandiſes avant que les porter à la vente, à peine de vingt ſols d'amende, applicable moitié à la Ville & l'autre aux Egards ou Accuſateurs.          ### C LXXXXI.

TOUTES les Pieces de Marchandiſes d'Hauteliſſe faites & façon-nées en ladite Ville ſortantes de leur dernier apprêt, avant que d'eſtre envoyées hors d'icelle, ſeront portées en la Halle appellée la Halle au noir deſdites Hauteliſſes, pour y eſtre viſitées & aûnées par les Egards dudit Métier, & ſi elles ſe trouvent bonnes & loyales & de la longueur qu'elles doivent eſtre toutes apprêtées, ainſi qu'il eſt dit cy-deſſus, eſles ſeront marquées d'un plomp ordinaire appellé plomb de loyauté.          ### C LXXXXII.

LES Marchands de la Ville ſeront tenus ſe trouver deux à tour de Rolle dans lad. Halle pour faire leſd. viſites avec leſd. Egards, à peine contre les refuſans de s'y trouver de dix livres d'amende ; comme auſſi ſera tenu le Procureur du Roy de lad. Ville de s'y trouver ſouvent, & de requerir leſd. Echevins de députer ceux d'entr'eux qui y ſeront intelli-gens.          ### C LXXXXIII.

LE ſalaire deſdits Egards pour ledit plomb ſera de deux deniers

pour chacun plomb, qui fera payé par le Teinturier de ladite Halle
en noir. **CLXXXXIV.**

NE pourront lefdits Egards mettre le plomb aux Ouvrages dudit
Métier qui n'auront efté faites en cette Ville, fur peine de foixante
fols d'amende, moitié à la Ville & l'autre à l'Accufateur, & au Marchand les porter ferer, à peine de confifcation defdits Ouvrages.
**CLXXXXV.**

EST deffendu aux Hauteliffeurs de faire aucunes Pieces qui foient
purement de fil de Saïete, foit retord ou non, lefquelles Pieces d'Ouvrages appartiendront privativement aux Maîtres Saiteurs, de quelque façon qu'elles fe pourront inventer, lefquels Saiteurs pour em-
bellir & enrichir leurs Ouvrages, pourront mettre un fil de Soye
avec un fil de Sayete dans la chaîne d'icelles. Permis aufdits Hauteliffeurs d'employer dans leurs Ouvrages dudit fil de Saïete mêlé
avec d'autre fil, ainfi qu'il eft dit dans l'article fuivant.
**CLXXXXVI.**

POURRONT lefdits Maîtres Hauteliffeurs ouvrer & employer fil
de Saïete fur chaîne de lin, chanvre ou autre fil, mais ladite chaîne
ne pourra eftre de fil de Saïete, ains fera entierement de lin, de
chanvre, ou de laine filée au grand Roüet.
**CLXXXXVII.**

POURRONT faire de toutes fortes de Tripes de Velours de
toutes couleurs, des Banguemers grands & petits, Carreaux, Coulom-
belles, & autres Ouvrages qui font dudit Métier d'Hautelifle.
**CLXXXXVIII.**

S'IL arrive quelque conteftation entre le Maître & les Egards au
fujet des Pieces d'Ouvrages dudit Métier, lefdits Egards feront tenus
apporter lefdites Pieces dans l'Hôtel de Ville fi tôt l'heure defdites
Halles paffée, pour y eftre vûës & vifitées par un ancien Maître
dudit Métier & un Marchand, qui y feront nommez d'office par
lefdits Premier & Echevins.
**CLXXXXIX.**

LES Egards dudit Métier feront au nombre de quatre, qui feront
les plus anciens Maîtres dudit Métier felon leur reception, feront
renouvellez tous les ans l'apres veille de la Fête de Dieu, à commencer l'année prochaine mil fix cens foixante fix, pourvû qu'ils ne foient
notez de mauvaife vie, foit qu'ils ayent efté cy-devant Egards ou non.
**CC.**

NE pourront lefdits Egards prendre aucune chofe ni amende des
delinquans qu'elles ne foient jugées par Sentence, à peine concuffion.

# CORROIEURS, TONDEURS, TEINTURIERS ET CALENDREURS.

## CC I.

AUCUNS ne corroïera, tondra, teindra ni calandrera aucune Piece de Saïeterie ou Hauteliſſe, ſi elles n'ont eſté faites & ouvrées en cette Ville, & que ſur icelles ne ſoient appoſez les fers & plomb de de ladite Ville exprimez au Bref des Saiteurs & Hauteliſſeurs, ſur peine de confiscation deſdites Pieces, & de vingt livres d'amende, en quoy les Maîtres deſdits Métiers qui auront reſpectivement travaillé écherront, applicable moitié à la Ville, & l'autre aux Egards ou Accuſateurs.

## CC II.

LE Corroyeur ſera tenu fauder & marquer la Piece de Saïeterie qui lui aura eſté baillée, d'un fil de ſoye de la couleur dont il uſe & faude ordinairement, ſans qu'il la puiſſe rendre que ledit fil ne ſoit appoſé, afin qu'on puiſſe connoître celuy qui l'aura corroyé, à peine de vingt ſols d'amende pour chacune Piece, applicable comme deſſus.

## CC III.

NE pourra ledit Corroyeur mettre ſur un Rouleau plus grand nombre de Marchandiſe à la fois qu'il eſt cy-après exprimé; ſçavoir, cinq Serges à la Reyne ou cinq Serges d'Hauteliſſe, cinq Camelots façon de Lille, ou cinq Quignettes, ou cinq autres Pieces de pareille qualité, deux Baraquans de trois, quatre & cinq fils, ou deux Serges façon de Seigneur, deux Serges d'Aſcot, ou deux autres Pieces de pareille qualité, à peine de ſix livres d'amende, applicable comme deſſus, & des dommages & interêts du Marchand.

## CC IV.

LESDITS Corroyeurs étendront fidelement & comme il faut ſur des Rouleaux & Moulinets les Pieces en blanc qu'ils y mettront, leur baillant à cet effet tous les tours, ſans néanmoins luy faire perdre ſa largeur ni longueur, en telle ſorte que s'il y a du défaut, & qu'il vienne de la part deſdits Corroyeurs, ils écherront en ſoixante ſols d'amende pour chacune fois, applicable comme deſſus.

## CC V.

SERA tenu le Corroyeur tenir la Piece de Saïeterie ou Hauteliſſe ſur le rouleau le temps de vingt quatre heures, à peine de ſoixante ſols d'amende, applicable comme deſſus; eſt deffendu au Marchand de la faire lever avant ledit temps de vingt-quatre heures, ſous pareille peine, ſans que ledit Corroyeur puiſſe prétendre la décharge de l'amende à ſon egard, ni qu'il faſſe ſa dénonciation contre le Marchand.

## CCVI.

SERA pareillement tenu de mettre à part les Pieces qu'il trouvera tachées d'huile ou de graisse, & d'en avertir le Marchand, afin d'y donner ordre & faire ôter les taches paravant les mettre à la teinture, à peine de dix sols d'amende.

## CCVII.

EST enjoint aux Teinturiers en guelde de suivre & entretenir le pied de guelde, qui a esté baillé cejourd'huy vingt-cinq Novembre mil six cens soixante-cinq cacheté du Sceau de la Ville, dont un a esté baillé aux Egards, & l'autre laissé au Greffe de ladite Ville, leur faisant deffense d'en rien diminuer de la qualité & bonté, quoy qu'ils en soient requis par les Marchands ou autres, à peine de trente livres d'amende, moitié à la Ville & l'autre moitié aux Egards ou Accusateurs.

## CCVIII.

ET afin que le pied de guelde ne soit de moindre étoffe que dudit échantillon, les Egards sur le guelde seront tenus visiter soigneusement & de jour en jour le guelde desdits Teinturiers & toutes les Pieces de Saïeterie & Hautelisse si-tôt qu'elles auront esté mises hors de la cuve, afin qu'elles ne se gâtent pour estre trop long-temps reposées sur le carreau, pour mettre à celles qu'ils trouveront bien gueldées & vuidées leur petit plomb au commencement de la Piece à l'endroit du fil du Foulon, à peine de dix livres d'amende, moitié à la Ville & l'autre aux Accusateurs, & de demeurer responsables des interests, s'il y en avoit par leur negligence.

## CCIX.

ET quant aux Pieces qui se trouveront n'avoir un bon pied de guelde, lesdits Egards les rendront aux Teinturiers pour leur bailler nouveau guelde, conforme à l'échantillon, sur peine de suspension de leur Office pour le temps que les Premier & Echevins estimeront, & de dix livres d'amende, applicable comme dessus.

## CCX.

SI ne pourra ledit Teinturier transporter ni souffrir estre transportées aucunes Pieces hors de son Ouvroir par le Foulon, Corroyeur, ni par quelqu'autres personnes que ce soit qu'elles n'ayent esté nétoïées & rinsées en eau courante, & aprés Egardée, à peine de six livres d'amende, applicable comme dessus.

## CCXI.

SERA tenu le Teinturier en guelde de laver & nétoïer lesdites Pieces aussi tôt qu'elles seront tirées de la cuve, afin qu'elles ne se puissent gâter faute de les laver dans le temps, à peine d'encourir

es interefts aufquels ils feront condamnez fur la dénonciation des
gards ou accufateurs & de vingt fols d'amende, applicable comme
effus.

### CC XII.

LESDITES Pieces ainfi lavées, nettoyées & reffincées, les
oulons feront tenus les aller querir & emporter pour les fouler de
echef & rebaigner en leurs cuves d'eau chaude.

### CC XIII.

LE Salaire defdits Egards fereurs de gueldes fera de deux de-
iers pour chacun plomb qu'ils appoferont.

### CC XIV.

CE fait feront lefdites Pieces mifes en leurs Teintures de noir &
uis aprés Corroyées de leur dernier corroy, auquel elles feront
tenduës comme il eft requis.

### CC XV.

LE Corroyeur fera tenu cacher & coudre la marque de chaque
Piece de demi quartier aûne de Roy, afin d'ôter aux Egards tout
ujet de faveur, leur cachant le nom du Maître chez qui elle aura
fté faite, fur peine de foixante fols d'amende, applicable comme
effus.

### CC XVI.

EST enjoint à chacun defdits Corroyeurs & Teinturiers en noir,
le porter aux Halles toutes les Pieces qu'ils auront appointées en
eurs Ouvroirs, fans en receller aucunes pour là eftre vifitées & gar-
ées, à peine de cent fols d'amende, applicable co

### CC XVII.

EST entendu que lefdites Pieces feront portées          alles
uparavant les calendrer, fur pareille peine.

### CC XVIII.

EST défendu aux Teinturiers d'employer en leurs teintures aucunes
nolées, à peine de confifcation de la molée qui fe trouvera chez
ux, qui fera jettée en la riviere & de trente livres d'amende en cas
le recidive, & d'eftre mis au carcan pendant fix heures.

### CC XIX.

COMME auffi fi ledit Teinturier eft trouvé avoir teint quelques
Pieces d'autres couleurs que de noir, & qu'icelles couleurs ne fuffent
onnes, telles Pieces feront contrefignées par l'Egard puis renduës
u Teinturier pour les racommoder, n'eft que le Marchand luy per-
nette de les remetre à fes dépens en autre couleur.

### CC XX.

LESQUELLES Pieces eftant racommodées par le Teinturier &
remifes en fa premiere couleur, il fera tenu les reprefenter aux Egards

pour eftre de rechef regardées, & fi befoin eft remifes de nouveau
à la teinture, pour laquelle feconde remife, fera condamné en foixante
fols demende pour chacune Piece, applicable comme deffus.

CCXXI.

ET parce que les Pieces de couleur font fouvent tachées & gâtées
dans les Ouvroirs des Corroyeurs & des Teinturiers en noir, lefd.
Pieces de couleur feront tournées fur des Rouleaux nets, n'ayant
fervi au corroy de noir, fremis & bouilly & mis fi befoin eft en un
lieu feparé, & où l'on ne mette rien dudit corroy en noir capable de
gâter les couleurs, à peine de foixante fols d'amende, applicable
comme deffus.

CC XXII.

EST enjoint aufdits Teinturiers de mettre en leur teinture en noir
de bonnes Etoffes & fuffifament pour faire furmonter la guelde &
rendre les Pieces de Marchandifes bien teintes, fans taches ou défectuofité de leurs parts, fur peine de foixante fols d'amende pour
chacune Piece qui fera trouvée en mauvais ordre, applicable comme
deffus, & s'il s'en trouve qui ne foient bien teintes ou tachées, ledit
Teinturier fera tenu les remettre à fes dépens en bon & fuffifant
état.

CC XXIII.

EST défendu aufdits Corroyeurs & Teinturiers en noir de mettre
en d'autres mains lefdites Pieces de Saïeterie ou d'Hautelifse qu'ils
auront apprêtées, qu'elles n'ayent efté par eux portées en la Halle
en noir, à peine de vingt fols d'amende pour chacune Piece, applicable comme deffus.

CC XXIV.

EST auffi défendu à tous Marchands, de recevoir par eux ni par
leurs Serviteurs ni d'autres perfonnes interpofées aucunes Pieces de
Saïeterie des mains du Corroyeur ou Teinturier, qu'elles n'ayent le
plomb de ladite Halle en noir, fous pareille peine.

CC XXV.

ET ne pourront les Egards paravant ladite vifite & ledit plomb
de la Halle en noir appliqué remettre aucunes defdites Pieces entre
les mains defdits Corroyeurs, Teinturiers ou Calandreurs, ni eux
les recevoir qu'elles n'aïent efté trouvées bonnes & le fer appliqué, fur
pareille peine.

CC XXVI.

LESDITS Calandreurs mettront les Pieces de Saïeterie & Hautelifse en bon ordre, & prendront foigneufement garde que les fers &
fceaux qui feront affis fur chacunes Pieces qu'ils calandreront ne foient
rompus ou effacez, fur peine de foixante fols d'amende pour chacune
Piece.

CC XXVII.

EST deffendu aufdits Calandreurs, & à toutes autres perfonnes de
plier

fier aucunes Pieces de Marchandiſes en plis de Marchand qu’elles
ayent eſté portées eſdites Halles en noir & le plomb y appliqué, ſur
areille peine. CCXXVIII.

Est deffendu à tous Marchands d’eſtre Marchand Teinturier en
ſelde & en noir, & Calandreur enſemblement ſans la permiſſion des
chevins, avec connoiſſance de cauſe, au quel cas tels Marchands
erçans ou faiſans exercer leſdits trois états, ne pourront faire
ı faire faire paquets de Marchandiſe pour envoyer hors la Ville ſans
appeller leſdits Egards, afin qu’ils puiſſent ſçavoir & connoître ſi
utes les Pieces que l’on voudroit empaqueter ſont de la Mauufactu-
de la Ville, bonnes & garnies de leurs Sceaux ou plombs entiers, &
l eſtoit trouvé quelque Piece ſans plomb, ſuppoſé qu’elles fuſſent
onnes, ou qu’il y en eût qui fuſſent mal teintes & défectueuſes,
lles Pieces ſeront confiſquées, avec condamnation de ſoixante ſols
amende pour chacune Piece, applicable comme deſſus, en quoy
s Marchands Saiteurs ou autres contrevenans écherront.

CCXXIX.

Deffenses aux Egards deſdits Métiers de Corroyeurs, Ton-
eurs & Teinturiers de faire faire aucunes dépenſes de bouche à
ux qui qui aprés leur Apprentiſſage achevé voudront paſſer Maître,
peine de trente livres d’amende pour la premiere fois, & de plus
rande en cas de recidive, ainſ ſi les Apprentifs ſont trouvez capa-
les, ils ſeront reçûs dans l’Hôtel de Ville, prêtans le ſ      cas-
quis & enregiſtrez au Greffe, ils declareront la quaı        fil
a enſeigne, & payeront les droits accoûtumez.

CCXXX.

Deffenses à tous Teinturiers de faire aucuns cramoiſis &
tteaux, à peine de trente livres d’amende pour la premiere fois, &
e ſoixante livres pour la ſeconde, moitié à la Ville & l’autre moitié
ux Egards ou Accuſateurs.

CCXXXI.

Les Saiteurs drapans ſeront tenus faire leurs Boïes ou Reveſches
rges à ſeize buhots vingt-huit portées, au nombre de neuf cens fils
e la largeur de trois quartiers, & de longueur de vingt-trois aûnes
e Roy hors l’étille, pour revenir toutes foulées, parées & apprêtées
vingt aûnes ou vingt aûnes & demie, aûne de Roy.

CCXXXII.

Les Boïes ou Reveſches moyennes ſeront faites en ſeize buhots
ingt-quatre portées de largeur de trois quarts & demi un ſeizième,
ı de pareille longueur que deſſus hors de l’étille, pour revenir tou-

tes apprêtées à trois quartiers ou environ de large , & vingt aûne
ou vingt aûnes & demie de long, aûne de Roy.

## CC XXXIII.

L e s petites feront faites en feize buhots & vingt-deux portées
de largeur de trois quarts & demi moins un demi feize fur l'étille, &
& de vingt trois aûnes de long, pour revenir toutes foulées à .dem
aûne de large , & vingt aûnes au moins , aûne de Roy.

## CC XXXIV.

N e pourront les Maîtres Saiteurs Drapans faire lefdites Revefche
ou Boïes à moindre compte, longueur & largeur que deffus., à pein
de dix livres d'amende , moitié aux Egards ou Accufateurs & l'autr
moitié à la Ville , & de confifcation.

---

## BORDS , RUBANS ET ROULEAUX DE LAINE

### CC XXXV.

L e s plus petites , appellées petites bordures , feront faites au nom
bre de vingt-fept fils de longueur de vingt-fept aûnes fortant d
l'étille , pour revenir toutes teintes & apprêtés à vingt-quatre aûnes

### CC XXXVI.

C e u x qui fuivent, appellez bords & demi, feront faits au nombr
de trente-trois fils , même aûnage que deffus.

### CC XXXVII.

L e troifiémes appellés galons feront faits à trente-fept aûne
à l'étille pour revenir tous apprêtées & teints à trente-fix aûnes
de Roy.

### CC XXXVIII.

L e s Rubans appellez numero trois feront faits par demi Pieces
en quarante-neuf fils , & vingt-cinq aûnes de long hors l'étille pour
chaque demi Pieces , pour revenir tous teints à vingt-quatre aûnes
de Roy.

### CC XXXIX.

L e s Rubans numero quatre feront faits en foixante-neuf fils ,
même aûnage que deffus chaque demi Piece.

### CC XL.

L e s Rubans numero cinq feront faits en quatre-vingt neuf fils
même longueur que deffus chaque demi Piece.

### CC XLI.

L e s Rubans numero fix feront faits en cent neuf fils par demi
Piece , & de la même longueur qu'aux précedens articles.

### CC XLII.

L e s numero fept feront faits par demi Piece en cent vingt neuf
fils, même aûnage que deffus.

## CC XLIII.

Les numero dix en cent soixante-neuf fils pour demi Piece de même aûnage que dessus.

## CC XLIV.

Les Rubans numero douze se feront en deux cens neuf fils pour demi Piece, de même aûnage sortans de l'étille, & teints & apprêtés que dessus.

## CC XLV.

Les Ouvriers Passementiers seront tenus mettre ou bout de chacune Piece leurs marques & entrebattes.

## CC XLVI.

Les Bords à dentelle seront faits en trente-six fils de trente-sept aûnes de long, pour revenir à trente-six aûnes de long tous teints, aûne de Roy.

## CC XLVII.

Est deffendu aux Egards des susdits Métiers d'Houpiers, Saiteurs, Foulons, Hautelisseurs, Corroyeurs, Teinturiers, Calandreurs, Saiteurs drapans, & Passementiers, de faire aucunes dépenses par ensemble ni aller au Cabaret, à peine de vingt livres d'amende, moitié à la Ville & l'autre aux Accusateurs.

## CC XLVIII.

Est aussi deffendu à tous les Ouvriers des susdits Métiers d'aller au Cabaret hors des heures du repas, à peine de dix sols d'amende au profit de l'Accusateur, & à tous Cabaretiers, Taverniers & Revendeurs d'asseoir & donner à boire ausdits Egards, ni souffrir chez eux lesdits Ouvriers hors desdites heures du repas, à peine de dix livres d'amende pour la premiere fois, & de trente livres pour la seconde.

Tous les Articles cy-dessus ont esté faits & arrestez dans l'Hôtel Commun de la Ville d'Amiens, sous le bon plaisir de Sa Majesté, en la presence & de l'Avis desdits Sieurs Correur & Chenart les jours & an que dessus. *Signé*, THIERY, MANESSIER, J. MORGAN, ARTUS, DE SACHY, BOULLANGER & DE LESSEAU.

FAIT au Conseil d'Etat du Roy, Sa Majesté y estant, tenu à Vincennes, le vingt-troisiéme jour d'Aoust mil six cens soixante-six. *Signé*, DE GUENEGAUD.

LOUIS PAR LA GRACE DE DIEU ROY DE FRANCE & de Navarre : A tous presens & à venir, SALUT, Par Arrest cejourd'huy rendu en nostre Conseil de Commerce, Nous y séant, & pour les considerations y contenuës ; Nous aurions Approuvé & Confirmé les Statuts & Reglemens au nombre de deux cens quarante-huit Articles mentionnez au Procés verbal d'Assemblée de la

Ville d'Amiens du quatriéme Novembre dernier , concernant les Manufactures des Serges , Saïeteries & autres établies depuis long-temps en ladite Ville , melioration & augmentation d'icelles ; Ce faisant Ordonné que lesdits Statuts & Reglemens seront homologuez par tout où il appartiendra , pour estre gardez & observez selon leur forme & teneur , & qu'à cet effet toutes Lettres seroient expediées : A CES CAUSES , Voulans favorablement traiter le Commerce & l'établissement des Manufactures dans les Villes de nôtre Royaume, de l'Avis de nôtre Conseil , qui a vû ledit Procés verbal d'Assemblée dudit jour qu'atriéme Novembre dernier , ensemble ledit Arrest de nôtre Conseil Royal de Commerce , le tout cy-attaché sous le Contre-Scel de nôtre Chancellerie , & de nôtre grace speciale , pleine Puissance , & Autorité Royale. NOUS avons Approuvé , Confirmé & Homologué , & par ces Presentes signées de nôtre main , Approuvons, Confirmons , & Homologuons lesdits Statuts & Reglemens ; Voulons qu'ils soient executez de point en point selon leur forme & teneur ; Sans néanmoins que le contenu au cent dix huitiéme desdits Articles & deffenses portées par icelui puissent empêcher de transporter , apprêter , vendre & debiter les Serges d'Aumale en ladite Ville d'Amiens. SI DONNONS EN MANDEMENT à nos amez & feaux Conseillers les Gens tenans nostre Cour de Parlement à Paris, que ces Presentes ils ayent à faire registrer , & du contenu en icelles faire joüir & user lesdits Habitans d'Amiens pleinement , paisiblement & perpetuellement , cessans & faisans cesser tous troubles & empêchemens qui pourroient estre mis & donnez au contraire. MANDONS en outre au Lieutenant General même aux Echevins de ladite Ville d'Amiens , & à tous Juges & Officiers qu'il appartiendra de tenir la main à l'execution des Presentes: CAR TEL EST NOSTRE PLAISIR. Et afin que ce soit chose ferme & stable à toûjours , Nous avons fait mettre nostre Scel à ces-dites Presentes, DONNE' à Vincennes au mois d'Aoust l'an de grace mil six cens soixante-six , & de nostre Regne le vingt-quatriéme. *Signé* , LOUIS. *Et plus bas* , DE GUENEGAUD.

*EXTRAIT DES REGISTRES DU CONSEIL D'ETAT.*

LE ROY s'estant fait representer en son Conseil Royal de Commerce , le Procés verbal de l'Assemblée generale des plus notables Bourgeois de la Ville d'Amiens , tenuë en la Chambre du Conseil Commun de ladite Ville , suivant les Ordres de Sa Majesté

le quatriéme jour de Novembre dernier & autres jours fuivans, pardevant le Lieutenant General & les Echevins de ladite Ville d'Amiens,
contenant les Statuts & Reglemens au nombre de deux cens quarante-
huit Articles par lefquelles lefdits Habitans ont unaniment declaré
que leur Avis eftoit que les Fabriques, Manufactures des Marchandifes de Serges, Saïeteries & autres, établies depuis longues années en
ladite Ville pouvoient eftre rétablies, non feulement en leur premier
état, mais encore eftre de beaucoup meliorées & augmentées, & que
l'obfervation defdits Statuts, s'il plaifoit à Sa Majefté en ordonner
l'homologation, pourroit eftre d'une grande utilité pour les Habitans des lieux & fort avantageux au Commerce: A quoy Sa Majefté
voulant pourvoir; Oüy le Rapport du Sieur COLBERT, Confeiller
du Roy en fon Confeil Royal, Controlleur General des Finances,
Surintendant des Bâtimens de Sa Majefté, Arts & Manufactures de
France; LE ROY ESTANT EN SON CONSEIL ROYAL DE
COMMERCE, a Approuvé & Confirmé lefdits Statuts & Reglemens eftant au nombre de 248. Articles mentionnez au Procés
verbal de l'Affemblée de ladite Ville d'Amiens du quatriéme Novembre 1665. & autres jours fuivans, dont l'extrait demeurera atta-
ché à la minute du prefent Arreft, fans néanmoins que le contenu
au 118. defdits Articles & deffenfes portées par iceluy puiffent empêcher de tranfporter, aprêter, vendre & debiter les Serges d'Aumale en ladite Ville d'Amiens; Ce faifant, Ordonne Sa Majefté que
lefdits Statuts & Reglemens feront homologuez par tout où il appartiendra, pour eftre gardez & obfervez felon leur forme & teneur,
& qu'à cet effet toutes Lettres neceffaires feront expediées, & que
cependant lefdits Statuts & Reglemens feront executez en vertu du
prefent Arreft nonobftant oppofitions ou appellations quelconques,
& fans préjudice d'icelles, dont fi aucuns interviennent, Sa Majefté
s'eft refervé la connoiffance & à fon Confeil Royal de Commerce,
& icelle interdit à tous autres Juges. FAIT au Confeil d'Etat du
Roy, Sa Majefté y, eftant tenu à Vincennes le vingt-troifiéme jour
d'Aouft mil fix cens foixante-fix. *Signé*, DE GUENEGAUD.

# ARREST DU CONSEIL D'ESTAT DU ROY,

*PORTANT Reglement pour les Peluches qui se fabriquent à Amiens, & autres lieux de Picardie.*

Du 5. Decembre 1716.

*Extrait des Regiſtres du Conseil d'Eſtat.*

LE Roy ayant eſté informé, que la Manufacture des Peluches qui ſe fabriquent dans la Ville d'Amiens, & autres lieux de la Province de Picardie, eſtoit conſiderablement diminuée, & que le Commerce qui s'en faiſoit eſt preſque anéanti par les abus qui ſe ſont gliſſez dans cette Manufacture, faute d'avoir eſté ſtatué ſur la longueur & largeur deſd. Etoffes : Sa Majeſté voulant pourvoir au rétabliſſement de la Fabrique & du Commerce de ces Marchandiſes, auroit fait prendre les avis des principaux Negocians & des habiles fabriquans : Oüy le Rapport ; SA MAJESTE' ESTANT EN SON CONSEIL, de l'avis de Monſieur le Duc d'Orleans, Regent preſent, a ordonné & ordonne ce qui enſuit.

### ARTICLE PREMIER.

LES Peluches qui ſe fabriqueront à l'avenir à Amiens & autres lieux de Picardie, auront au moins une demie aûne moins un douziéme, ou cinq douziémes au ſortir du Métier, & avant que d'eſtre portées à la Teinture.

### II.

LA chaîne de laine qui fait le corps de l'Etoffe, ſera compoſée au moins de trente à trente-deux portées de vingt-quatre fils chacune, & de douze fils ou buhots par demie portée, & les fils ſeront doubles & deux fois retorts.

### III.

LA chaîne de poil, qui fait le velouté de l'Etoffe, ſera compoſée au moins de quinze à ſeize portées de pur poil, ou fil de Chevre ſans mêlange, chaque portée de vingt-quatre fils doubles retorts, & chaque demie portée de douze fils ou buhots, ſans y comprendre les liſieres, qui ſeront garnies d'un nombre ſuffiſant de fils, outre ceux des portées cy deſſus marquées.

### IV.

LES Pieces de Peluches eſtant déboüillies & teintes avec le dernier apprêt, auront au moins un quartier & demi & un pouce franc de largeur entre les deux liſieres, & vingt-quatre aûnes de long.

## V.

LES Fabriquans pourront néanmoins, si bon leur semble, augmenter le nombre des fils ou buhots, sans pouvoir diminuer, sous quelque pretexte & en quelque maniere que ce soit, le nombre des fils & des portées cy-dessus marquées, à peine de confiscation des Pieces de Peluches qui se trouveront fabriquées en contravention à ce present Reglement, & de cinquante livres d'amende.

## VI.

LES Maîtres Fabriquans seront tenus, sous les mêmes peines, de mettre leur nom & surnom au chef & premier bout de la Piece sur le Métier, & de faire porter à la Halle en blanc les Pieces de Peluches qu'ils feront fabriquer, aussi-tôt qu'elles seront levées de dessus le Métier, pour estre ensuite visitées dans ladite Halle par les Maîtres & Gardes, & par eux marquez du premier plomb, si elles sont fabriquées en conformité du present Reglement.

## VII.

APRES que lesdites Peluches auront esté teintes & reçû le dernier apprêt, elles seront portées à la Halle pour y estre marquées du second plomb, ainsi qu'il se pratique pour les autres Etoffes, qui se fabriquent dans la Ville d'Amiens.

## VIII.

PERMET néanmoins Sa Majesté aux Fabriquans qui auront chez eux des Pieces de Peluches achevées ou commencées sur le Métier, lors de la publication du present Arrest, & aux Marchands qui en seront chargez dans leurs Magasins, de s'en défaire dans six mois du jour de ladite publication, aprés qu'elles auront esté de nouveau marquées par les Gardes-Marchands de ladite Ville & l'Inspecteur des Manufactures, d'un plomb d'une nouvelle Empreinte, laquelle sera rompuë & brisée aprés ledit temps en presence du Juge de Police & l'Inspecteur, sans toutefois qu'aprés ledit temps passé il soit loisible ausdits Fabriquans & Marchands de fabriquer, avoir dans leurs Boutiques, ni vendre aucune Piece desdites Peluches d'autre largeur & longueur que celles cy-dessus marquées.

## IX.

ORDONNE en outre Sa Majesté qu'en ce qui regarde la Teinture desdites Peluches, les Reglemens generaux de 1667. seront exactement observez. Enjoint Sa Majesté au Sieur Commissaire départi en la Province de Picardie, de tenir la main à l'execution du present Reglement, qui sera lû, publié & affiché par tout où besoin sera, à ce que personne n'en ignore, & sur lequel seront toutes Lettres neceſſaires expediées. F A I T au Conſeil d'Etat du Roy, tenu à Paris le cinquiéme jour de Decembre mil ſept cens ſeize. *Signé*, P H E L Y P E A U X.

L OUIS, par la grace de Dieu Roy de France & de Navarre: A noſtre amé & feal Conſeiller en nos Conſeils, Maître des Requeſtes ordinaire de noſtre Hôtel, le Sieur de Bernage, Commiſſaire départi pour l'execution de nos ordres en la Generalité d'Amiens, S A L U T. Nous vous mandons & enjoignons par ces Preſentes, ſignées de Nous, de tenir la main à l'execution de l'Arreſt cy-attaché ſous le Contre-Scel de noſtre Chancellerie, cejourd'huy donné en noſtre Conſeil d'Etat, Nous y eſtant, portant Reglement pour les Peluches qui ſe fabriquent en noſtre Province de Picardie, que Nous voulons eſtre lû, publié & affiché par tout où beſoin ſera, à ce que perſonne n'en ignore, Commandons au premier noſtre Huiſſier ou Sergent ſur ce requis de ſignifier ledit Reglement à tous qu'il appartiendra, à ce qu'aucun n'en prétende cauſe d'ignorance, Et de faire pour ſon entiere execution tous Actes & Exploits neceſſaires, ſans autre permiſſion. C A R T E L E S T N O S T R E P L A I S I R. Donné à Paris le cinquiéme jour de Decembre, l'an de grace mil ſept cens ſeize, & de noſtre Regne le deuxiéme. *Signé*, L O U I S. Par le Roy, le Duc D'O R L E A N S, Regent preſent. P H E L Y P E A U X. Et ſcellé.

L OUIS DE B E R N A G E, Chevalier, Seigneur de S. Maurice & autres lieux, Conſeiller du Roy en ſes Conſeils, Maître des Requeſtes ordinaire de ſon Hôtel, Intendant de Juſtice, police & Finances en Picardie, Artois, Boulonnois, Pays conquis & reconquis.

VEU le preſent Arreſt du Conſeil d'Etat du Roy, & Commiſſion ſur iceluy: Nous ordonnons qu'il ſera executé ſelon ſa forme & teneur; & à cet effet lû, publié & affiché par tout où beſoin ſera dans l'étenduë de noſtre Département. F A I T à Amiens le deuxiéme jour de Janvier mil ſept cens dix-ſept. *Signé*, D E B E R N A G E. *Et plus bas*, Par Monſeigneur, J O U R D A N.

# ARREST
## DU CONSEIL D'ESTAT DU ROY.

*PORTANT Reglement pour les Manufactures d'Amiens,
dont les Fabriquans n'ont point de Statuts particuliers.*

Du 17. Mars 1717.

*Extrait des Regiftres du Confeil d'Eftat.*

LE ROY ayant efté informé qu'il fe fabrique depuis quelques années differentes Efpeces d'Etoffes à Amiens, pour le travail defquelles il n'y a point de Regles certaines : Et Sa Majefté defirant y pourvoir pour l'avantage du Commerce ; Oüy le Rapport. LE ROY ESTANT EN SON CONSEIL, de l'avis de Monfieur le Duc d'Orleans, Regent, a ordonné & ordonne ce qui enfuit.

### ARTICLE PREMIER.

LES Camelots de Grains toute Laine, façon de Bruxelles auront la chaîne de quarante-deux portées de vingt fils ou buhots chacune, ils auront de largeur demie-aûne demi quart entre les gardes ou lifieres, & trente-fix aûnes de longueur.

### II.

LES Camelots enrichis de deux fils de foye, façon de Hollande, auront la Chaîne de quarante-deux portées de vingt-fix à vingt-huit fils ou buhots chacune, leur largeur fera de demie aûne demi quart ; & leur longueur de trente fix à quarante aûnes.

### III.

LES Camelots Superfins, façon de Bruxelles, auront la Chaîne de poil de Chevre filé, autrement dit poil de Chameau, & de deux fils de foye, de quarante-deux portées de trente-deux à trente-fix fils ou buhots chacune ; la trame double de fil de Turquoin, ou de poil de Chevre filé, autrement dit de Chameau ; de même longueur & largeur que ceux cy-deffus.           IV.

LES Camelots raïez & unis changeans toute laine, auront la chaîne de trente trois portées de douze fils ou buhots chacune, la largeur fera de demie aûne entre deux lifieres ; & la longeur de vingt-une aûnes & demie en Toile, pour revenir à vingt-une aûnes, fuivant les Reglemens de 1669.           V.

LES Etamines virées fimples, autrement dites jafpées, auront la

G

chaîne de trente-cinq à trente-six portées de vingt-huit fils ou buhots chacune, sans pouvoir estre faites à moindre compte : seront de largeur de demie-aûne entre deux lisieres ; & de longueur de treize à quinze aûnes, & les doubles pieces à proportion.

### VI.

LES Etamines virées double soye, auront la chaîne de trente-cinq à trente-six portées, de seize à dix-huit fils ou buhots chacune; la trame sera de laine d'Angleterre naturelle, la longueur & largeur comme celles cy-dessus. VII.

LES Etamines façon de Crépon d'Alençon, double soie, auront la chaîne de trente-cinq portées de quatorze fils ou buhots chacune par demie portée, sans pouvoir estre à moindre compte, la longueur & la largeur comme cy-dessus.

### VIII.

LES Etamines glacées, autrement dites de soye glacée, auront la chaîne de double soye, & de trente-cinq à trente-six portées, de vingt à vingt-deux fils ou buhots chacune; la trame sera de laine naturelle, & non de fil teint; la largeur comme cy-dessus & la longueur de trente-deux aûnes. IX.

LES Crépons blancs de laine rayée de fil, auront la chaîne de trente-cinq portées, de douze fils ou buhots chacune, de largeur demie aûne un pouce, & de longueur vingt-deux aûnes.

### X.

LES Maîtres Fabriquans seront obligez de faire mettre leurs noms & surnoms au chef & premier bout de la Piece, & tenus de porter à la Halle en blanc leurs Pieces au sortir de l'Etille ou Métier, pour y estre vûës & visitées, conformément à l'Article CII. des Reglemens des Manufactures d'Amiens de 1666. & à l'Article LI. des Reglemens generaux de 1669. XI.

LES Etoffes cy-dessus seront portées aux Halles, pour y estre vûës & visitées, plombées & marquées par les Egards ou Jurez, ainsi qu'il se pratique pour les autres sortes d'Etoffes desdites Manufactures, conformément à leurs Statuts & Reglemens.

### XII.

IL est fait deffenses à tous Maîtres Fabriquans desdites Manufactures, à leurs Femmes, & à tous autres de s'ingerer du Courtage desdites Marchandises, ny de s'entremettre d'en vendre aucunes autres que celles qu'ils auront fabriquées, à peine de vingt livres d'amende.

### XIII.

IL sera libre aux Maîtres Fabriquans d'avoir dans leurs maisons

el nombre de Métiers qu'ils jugeront à propos , même d'en avoir
ors leurs Maisons un ou plusieurs , selon qu'ils auront moyen de les
mployer , à la charge néanmoins de ne pouvoir monter aucun Mé-
er , soit dedans ou dehors de leurs maisons , sans en donner avis
ux Jurez , à peine de cinquante livres d'amende. Enjoint Sa Majesté
u Sieur Intendant & Commissaire départi en la Generalité d'Amiens
e tenir la main à l'execution du present Reglement , qui sera lû ,
ublié & affiché par tout où besoin sera ; Et seront toutes Lettres
ecessaires expediées. F A I T au Conseil d'Etat du Roy , Sa Majesté
estant , Monsieur le Duc d'ORLEANS , Regent present , tenu à
aris le dix-septiéme jour de Mars mil sept cens dix-sept.
igné , PHELYPEAUX.

L OUIS par la grace de Dieu , Roy de France & de Navarre :
A nos amez & feaux Conseillers les Gens tenans nostre Cour
e Parlement à Paris SALUT. Ayant esté informez qu'il se fabrique
epuis quelques années differentes especes d'Etoffes à Amiens , pour
travail desquelles il n'y a point de Regle certaine , & desirant y
ourvoir pour l'avantage du Commerce. A CES CAUSES , de
avis de nostre tres-cher & tres-amé Oncle le Duc d'Orleans , Regent ,
e nostre tres-cher & tres-amé Cousin le Duc de Bourbon , de nostre
es-cher & tres-amé Oncle le Duc du Maine , de nostre tres-cher &
es-amé Oncle le Comte de Toulouse , & autres Pairs de France ,
rands & notables Personnages de nostre Royaume , qui ont vû le
eglement cy-attaché sous le Contre-Scel de nostre Chancelle-
e , cejourd'huy arresté en nostre Conseil d'Etat , Nous y estant , &
onformément à iceluy : Nous avons par ces Presentes signées de
ostre main , dit & ordonné , disons & ordonnons , voulons & Nous
aît ce qui est porté par les Articles cy-dessus.
Si vous Mandons que ces Presentes vous ayez à faire enregistrer ,
le contenu en icelles garder & executer selon leur forme & teneur :
AR TEL EST NOSTRE PLAISIR. Donné à Paris le dix-
ptiéme jour de Mars , l'an de grace mil sept cens dix-sept , & de
ostre Regne le deuxiéme. Signé , L O U I S , Et plus bas , Par le Roy ,
Duc d'ORLEANS , Regent present. PHELYPEAUX. Et scellé.

*Regi∫trées , Oüy , & ce requerant le Procureur General du Roy , pour e∫tre
ecutées selon leur forme & teneur ; & Copies collationnées envoyées au
ailliage & Siege Pré∫idial d'Amiens , pour y e∫tre lües , publiées & regi∫-
ées , Enjoint aux Sub∫tituts du Procureur General du Roy d'y tenir la*

main & d'en certifier la Cour dans un mois, suivant l'Arreſt de ce jour
A Paris en Parlement le vingt-quatriéme jour d'Avril mil ſept cens dix-
ſept. Signé, DONGOIS.

LOUIS DE BERNAGE, Chevalier, Seigneur de S. Mauric
& autres lieux, Conſeiller du Roy en ſes Conſeils, Maître de
Requeſtes ordinaire de ſon Hôtel, Intendant de Juſtice, Police, &
Finances en Picardie, Artois Boulonnois, Pays conquis & reconquis
VEU l'Arreſt du Conſeil d'Etat du Roy cy-deſſus : Nous Ordonnon
qu'il ſera executé ſelon ſa forme & teneur, & à cet effet lû, publie
& affiché par tout où beſoin ſera dans l'étenduë de noſtre Départe-
ment, & ſignifié à qui il appartiendra, à ce que perſonne n'en ignore
FAIT à Arras le quinziéme Aouſt mil ſept cens dix-ſept. *Signé*,
DE BERNAGE, *Et plus bas*, Par Monſeigneur, JOURDAN.

---

*LEs preſens Statuts & Reglemens ont eſté réimprimez de la
Mairie de* JEAN VACQUETTE, *Ecuyer, Seigneur du
Cardonnoy, Magiſtrat Veteran au Bailliage & Siege Préſidial
d'Amiens, Lieutenant General de Police, & Maire en Charge
de la Ville ; Et dē Nobles Hommes* CHARLES DE LA HAYE,
FLORIMOND FROMENT, FRANÇOIS DE COURT,
JEAN-BAPTISTE DUVAL, & NOEL FRENNELET,
*Echevins ; & Maître* ANTOINE GUILLEBERT, *Con-
ſeiller du Roy, & ſon Procureur en la Mairie & Police de
ladite Ville ; Maître* ANDRE' PICARD, *Greffier ; &
dans le temps de l'Inſpection du Sieur* PAUL PLESSART,
*Inſpecteur des Manufactures au Département d'Amiens.*

# ARREST

## DU CONSEIL D'ESTAT DU ROY.

### EXTRAIT DES REGISTRES DU CONSEIL D'ESTAT.

SUR la Requête preſentée au Roy étant en ſon Conſeil par les Gardes en charge, anciens Gardes, & Syndics de la Communauté des Maîtres Saiteurs fabriquans de Camelots, appellez Baracans de la Ville d'Amiens; CONTENANT que par l'Article quatre-vingt-quatre des Statuts accordez en 1666. à leur Communauté, il auroit été ordonné que les Camelots blancs, larges, à trois, quatre ou cinq fils, ſe feroient en dix-huit buhots de quarante-quatre portées de deux-tiers de largeur, & de vingt-deux aûnes de longeur, & par l'Article LXXXV. deſdits Statuts, il auroit été ordonné que les Baracans mêlez & de couleurs larges à deux, trois, quatre ou cinq fils, ſe feroient en ſeize buhots de quarante-quatre portées, de deux-tiers de largeur, & de vingt-un aûnes & demie de longeur; Que ces deux Articles auroient été executez pendant tout le têms que leſdits Fabriquans de Camelots appellez Baracans de ladite Ville d'Amiens, ont pû employer à leur fabrique des laines d'Eſpagne, d'Angleterre & d'Irlande: mais que dequis plus de vingt années que ces Fabriquans ſont dans la neceſſité de ſe ſervir des laines du Païs, qui ſont plus communes & plus groſſieres que les laines Etrangeres, il leur eſt impoſſible de fabriquer leurs Baracans avec le nombre de buhots & de portées ordonnées par leſdits Articles quatre-vingt-quatre & quatre vingt-cinq: ce qui fait qu'au lieu de fabriquer les Baracans blancs en dix-huit buhots, ils les fabriquent en dix-ſept buhots, & ceux de couleurs en quinze buhots au lieu de ſeize buhots: Requeroient à ces cauſes qu'en interpretant, ou dérogeant en tant que beſoin ſeroit auſdits Articles LXXXIV. & LXXXV deſdits Statuts, il plût à Sa Majeſté ordonner que les Baracans blancs larges pourroient être faits en dix-ſept buhots de quarante-trois portées, de cinq huitiéme de largeur, & de vingt-deux aunes de longeur; & que les Baracans mêlez & de couleurs, larges, pourroient être faits en quinze buhots de 43. portées, de cinq huitiémes de largeur & de 22. aûnes de longueur. Vû ladite Requête, l'Avis donné par le

H.

Sieur Chauvelin, Maître des Requêtes, Intendant de la Generalité d'Amiens, aprés avoir entendu les Fabriquans, les principaux Marchands faifant commerce de ces fortes d'Etofes, & l'Infpecteur des Manufactures, enfemble l'Avis des Députez au Confeil de Commerce : Oüi le Rapport du Sieur le Pelletier de la Houffaye, Confeiller d'Etat ordinaire & au Confeil de Regence pour les Finances, Contrôleur General des Finances. LE ROY ESTANT EN SON CONSEIL, de l'Avis de Monfieur le Duc d'Orleans Regent, fans avoir égard à la demande defdits Gardes & Syndics de la Communauté des Maîtres Saiteurs Fabriquans de Camelots, appellez Baracans de la Ville d'Amiens, de laquelle Sa Majefté les a debouté, a ordonné & ordonne que lefdits Articles LXXXIV. & LXXXV. defdits Statuts de 1666. feront executez felon leur forme & teneur, & que conformément à iceux, les Camelots blancs, larges, à trois, quatre, ou cinq fils, fe feront en dix-huit buhots de quarante-quatre portées, de deux tiers de largeur, & de vingt-deux aûnes de longueur ; & les Baracans mêlez & de couleurs, larges, à deux, trois, quatre, ou cinq fils, fe feront en feize buhots de quarante-quatre portées, de deux tiers de largeur, & de vingt une aûnes & demie de longueur. Ordonne Sa Majefté que dans un mois pour toute préfixion & délay, à compter du jour de la publication du prefent Arrêt, lefdits Baracaniers d'Amiens feront tenus de fe défaire des Baracans qu'ils auront en leur poffeffion, & qui fe trouveront fabriquez au deffous de la largeur ordonnée par le prefent Arrêt, paffé lequel têms toutes les Etofes de cette efpece qui fe trouveront feront confifquées : Et afin que dans la fuite il ne puiffe être fabriqué de ces fortes de Baracans en contravention au prefent Reglement, ordonne Sa Majefté que dans le même têms d'un mois, l'Infpecteur des Manufactures d'Amiens, fera tenu de fe tranfporter dans tous les Magafins & Ouvroirs defdits Baracaniers d'Amiens, pour marquer d'une marque particuliere, qui fera ordonnée par ledit Sieur Chauvelin, toutes les pieces de Camelots fabriquées, ou commencées à fabriquer au deffous de la largeur ci-deffus ordonnée. Ordonne pareillement Sa Majefté dans le même têms d'un mois, lefdits Fabriquans de Camelots feront tenus de rapporter tous leurs rots & lames pardevant les Maire & Efchevins de ladite Ville d'Amiens, pour être lefdits rots & lames réformez & mis à la largeur & grandeur neceffaires, pour que lefdits Baracans foient de la largeur ordonnée par le prefent Arrêt. Fait Sa Majefté tres-expreffes inhibitions & défenfes à tous Fabriquans de Baracans de ladite Ville d'Amiens, d'expofer en vente aucune piece

[ 55 ]

... ou d'autres Etofes qu'ils pourroient fabriquer, que la Mar-... qu'elles auront été faite n'y ait été appofée, & que le nom ... ouvrier n'ait été mis fur le chef & premier bout de chaque piéce ... de la fabrique defdits Baracaniers, à peine de confifcation def-... Etofes, de cinquante livres d'amende, & de plus grande peine ... achet. Fait en outre Sa Majefté défenfes fous les mêmes peines de confifcation & d'amende, à tous Marchands d'achêter aucune piéce de Baracan, ou d'autres Etofes, qu'elles n'aient été marquées de la Mar-que du lieu où elles auront été fabriquées. Enjoint Sa Majefté au Sieur Chauvelin, Intendant & Commiffaire départy pour l'execution de fes Ordres dans la Generalité d'Amiens, de tenir la main à l'execution du préfent Arrêt, lequel fera lû, publié & affiché par tout où befoin fera. Fait au Confeil d'Eftat du Roy, Sa Majefté y eftant, tenu à Paris le trentiéme jour d'Août mil fept cens vingt-un. *Signé*, PHELYPEAUX.

LOUIS, par la grace de Dieu, Roy de France & de Navarre &c. *Signé*, LOUIS. Par le Roy, le Duc d'Orleans Regent prefent. *Signé*, PHELYPEAUX. Et fcellé.

*BERNARD CHAUVELIN, Chevalier, Seigneur de Beau-fejour, Confeiller du Roy en fes Confeils, Maître des Requêtes hono-raire, Intendant de Juftice, Police, Finances, & des Troupes de Sa Majefté en Picardie, Artois, Boulenois, Païs conquis & reconquis.*

VEU l'Arrêt du Confeil d'Eftat du Roy ci-deffus du 30. Août 1721. enfemble la Commiffion expediée au grand Sceau fur icelui ledit jour.

NOUS avons ordonné & ordonnons que ledit Arrêt fera executé felon fa forme & teneur dans toute l'étenduë de ce département; à l'effet de quoi il fera inceffamment lû, publié & affiché par tout où be-foin fera, à ce que perfonne n'en ignore, & que chacun ait à s'y confor-mer. Enjoignons au Sieur Pleffart, Infpecteur des Manufactures de cette Ville d'y tenir la main. FAIT à Amiens ce douziéme jour du mois de Septembre mil fept cens vingt-un. *Signé*, CHAUVELIN; *Et plus bas*, Par Monfeigneur, BAISE' DEMERE'.

www.ingramcontent.com/pod-product-compliance
Lightning Source LLC
LaVergne TN
LVHW021824170726
843503LV00007B/3331